일러두기

본문의 경제 교실에서 사용하는 '원'은 임의로 설정된 가상의 화폐 단위로,
우리나라의 실제 화폐 단위 '원'과는 다릅니다.

부자가 되고 싶은
어린이를 위한 경제 교육 동화

열두 달 경제 교실

국윤나, 강유재, 김건, 송윤경,
유건식, 윤지원, 하수오, 한정원 지음
송하정 그림

교실에서 시작하는 돈 이야기

junior 주니어 아라크네

머리말

교실에서 시작하는 돈 이야기

안녕하세요, 여러분. 우리는 등교하는 여러분과 눈을 맞추며 반갑게 인사하고, 따분한 공부를 좀 더 재미있게 가르치기 위해 고민하는 초등학교·중학교 선생님들입니다.

선생님들이 어렸을 때만 해도 어린이가 돈 이야기하는 것을 반기지 않았습니다. 돈과 관련된 질문을 하면 "어린애가 무슨 돈 얘기야? 너는 몰라도 돼!"라는 핀잔을 듣거나, "돈을 펑펑 쓰면 안 돼. 아껴 써야지. 그래야 커서 부자 되는 거야."라는 절약의 중요성만 강조한 말을 귀에 딱지가 앉게 듣곤 했습니다. 자연스럽게 '돈'은 '나와 상관없는 어른들의 일'이라고 생각하게 되었죠.

하지만 요즘에는 "선생님, 월급이 얼마예요?", "선생님, 주식 하세요?", "선생님, 비트코인 하세요?"와 같은 질문을 서슴없이 하는 어린이가 많아졌습니다. "여러분의 꿈은 무엇인가요?"라는 질문을 하면 "건물주요.", "돈 많은 백수요.", "돈 잘 버는 게임 스트리머요." 같은 대답을 흔하게 들을 수 있습니다. 살아가는 데 돈이 꼭 필요하다는 사실을 아는 친구들이 늘어난 거죠.

돈에 대한 여러분의 관심은 이렇게 높아졌는데, 다양한 경제 지식을 자세히 설명해 주는 어른은 아직 많지 않다는 사실이 안타까워서 선생님들은 이 책을 쓰기 시작했습니다.

여러분에게 먼저 몇 가지 질문을 던져 보려고 합니다. 첫째, 돈이 무엇인지 알고 있나요? 둘째, 돈은 어떻게 사람들의 주머니로 흘러들었다가 빠져나가는 걸까요? 셋째, 여러분과 딱 맞는 돈 버는 방법은 무엇일까요? 이 질문들에 "음…… 글쎄요." 하고 머뭇거렸다면 이 책을 꼭 읽어 보기를 권하고 싶습니다.

책장을 넘기다 보면 돈은 어떻게 버는지, 왜 돈의 흐름을 공부해야 하는지 전혀 몰랐던 친구들이 교실에서 다양한 상황을 맞닥뜨리며 경제에 관해 차츰 알아 갑니다. 책 속 여러 등장인물 중 누가 나와 가장 비슷한 성격인지, 그 친구는 어떤 고민을 어떻게 해결하는지 지켜보며 여러분도 경제와 한 뼘 더 가까워질 수 있기를 바랍니다.

그럼, 우리 함께 열두 달의 경제 이야기 속으로 떠나 볼까요?

국윤나, 강유재, 김건, 송윤경, 유건식,
윤지원, 하수오, 한정원 선생님

차례

머리말 _004
등장인물 _008

1장 1~2월의 경제 교실
부자가 되고 싶어! _010

2장 3월의 경제 교실
경제 교실이 뭐야? (수입과 지출) _043

3장 4월의 경제 교실
오늘부터 사장님 (창업) _070

4장 5월의 경제 교실
투자는 나쁜 게 아니야 (저축과 투자) _101

5장 6월의 경제 교실
돈 좀 빌려주세요 (대출과 신용) _144

| 6장 | **7~8월의 경제 교실**
스스로 공부하는 여름방학 | _173 |

| 7장 | **9월의 경제 교실**
일자리를 잃었어요 (보험) | _200 |

| 8장 | **10~11월의 경제 교실**
내 자리는 내가 정해요 (부동산 경매와 임대) | _218 |

| 9장 | **12월의 경제 교실**
그래서 내 꿈은! | _244 |

『열두 달 경제 교실』 초등 교과 수업 연계표   _259

등장인물

마도윤

도윤이는 새로운 시도를 즐기는 친구입니다. 요즘 관심사는 돈! 게임을 좋아하고 친구들과 노는 것도 좋아하는 밝고 외향적인 성격을 지녔습니다.

김준희

준희는 조심성이 많고 책 읽는 것을 좋아합니다. 속이 깊고 따뜻하며, 다른 친구들의 이야기를 잘 들어 줍니다.

강유재 선생님

6학년 1반의 담임선생님입니다. 신중하고 다정한 강유재 선생님은 아이들을 매우 좋아하며, 재밌는 수업을 위해 항상 고민합니다.

윤슬이는 꼼꼼하고 침착합니다. 자기주장이 강하고 계획적이며, 공부도 잘하는 친구입니다.

건택이는 '고민 없이 살자!'가 삶의 모토입니다. 매우 활달하고 솔직하며, 저돌적인 성격을 지녔습니다.

시니어 클럽으로 활동하며 어린이의 안전을 챙기는 할아버지는 아이들에게 예리한 조언을 아끼지 않습니다. 항상 멋들어진 선글라스를 쓰고 있어서 '선글라스 할아버지'로 불립니다.

1장. 1~2월의 경제 교실

부자가 되고 싶어!

도윤이 이야기,
돈 많은 백수가 되고 싶은데

　이제 남은 돈은 200원뿐이다. 분명 어제 용돈을 받았는데, 어떻게 된 일일까? 도윤이는 1만 원의 용돈을 받자마자 건택이와 함께 신나게 피시방에 갔다. 피시방에서 세 시간 동안 게임을 하고 3,900원을 쓴 다음, 편의점에서 소시지랑 라면을 사 먹었다. 그리고 오늘 학원 끝나고 나오는 길에 준희와 건택이에게 핫바를 하나씩 사 주었더니 200원이 남았다. 아무래도 앞으로의 5일은 가난하게 보내야 할 것 같았다.

　부모님에게 용돈을 올려 달라고 말했지만 초등학생은 일주일에 1만 원이면 충분하다고 딱 잘라 거절당했다. 중학교에 가려면 앞으로 1년은 더 있어야 하는데, 그때까지 계속 돈에 쪼들릴 생각을 하니 한숨이 절로 나왔다.

"돈 많은 백수가 되고 싶다."

돈이 많으면 좋아하는 아이돌 앨범도 사고 게임팩도 사고 피시방도 원 없이 가고 핫바나 라면은 얼마든지 먹을 수 있을 텐데. 하지만 초등학생인 도윤이가 지금 당장 돈을 벌 방법은 없었다. '다음 주 용돈을 미리 달라고 할까?', '방 청소를 하고 용돈을 좀 달라고 할까?', '지난번에 본 수학 시험 점수로는 엄마와 거래하기에 어림도 없는데 어쩌지?' 이런저런 생각을 해도 답은 나오지 않고 또다시 한숨만 나왔다.

"진짜 돈 많은 백수가 되고 싶다."

그때 방문을 노크하는 소리가 들렸다. 도윤이 벌컥 문을 열었더니 언니가 서 있었다.

"얼마가 있어야 돈이 많은 건데?"

언니가 물었다. 도윤이는 올해 대학에 들어간 언니가 얼마 전 설날에 친척 어른들에게 용돈을 넉넉히 받았다는 사실이 떠올랐다. 도윤이가 언니에게 매달리며 말했다.

"언니, 나 만 원만 빌려주라."

"아니, 돈이 얼마나 있어야 많은 거냐고. 돈 많은 백수는 돈이 얼마나 있는 거야?"

수수께끼 같은 질문만 하는 걸 보니 돈을 빌려줄 생각이 없는 듯했다. 도윤이는 흐느적흐느적 침대로 걸어가면서 대충 큰 숫자를 말했다.

"음, 글쎄. 한 100억?"

"그럼, 100억을 벌려면 어떻게 해야 할까?"

회사에 다녀도 그 돈을 벌기는 힘들 것 같았다. 한 달에 300만 원을 벌어도 1년이면 3,600만 원이니까, 10년이 지나도 4억 원이 안 되는데 100억 원은…….

"살면서 계속 일해도 못 벌겠는데?"

"근데 왜 백수야?"

"일하는 건 힘들잖아. 취직하려면 또 공부해야 한다던데, 나 공부하기 싫어. 그냥 백수 하고 싶어."

"백수가 어떻게 돈이 많아?"

언니가 계속 물었다. 도윤이는 계속되는 질문에 건성으로 대답하면서 침대에 벌렁 드러누웠다.

"그러게. 누가 돈을 줬나 보지."

"누가?"

"엄마나 아빠?"

돈 많은 백수가 될 가망이 없다고 느낀 도윤이는 냅다 엎드려서 버둥거렸다. 그때 언니가 도윤이의 다리를 잡아당겨 침대에서 끌어낸 다음 식탁 앞으로 끌고 갔다.

"이리 앉아 봐."

도윤이는 박력이 넘치는 언니의 말을 쉽게 거역할 수 없었다. 언니가 종이 한 장을 내밀었다.

"자, 여기에 부자가 되고 싶은 이유를 적어 봐."

1. 컴퓨터 새로 바꾸고 싶어서
2. 좋아하는 가수 앨범 사고 싶어서
3. 새 게임팩 사고 싶어서
4. 친구들에게 간식 쏘고 싶어서
5. 게임 아이템 사고 싶어서
6. 세계여행 가고 싶어서
7. 내 집 사고 싶어서
8. 건물주 되고 싶어서
9. 엄마, 아빠 차 바꿔 주고 싶어서
10. 부자 되는 법 알려 주는 유튜브 하려고

"다 적었으면 그중에서 세 개만 골라 봐. 뭐가 남아?"

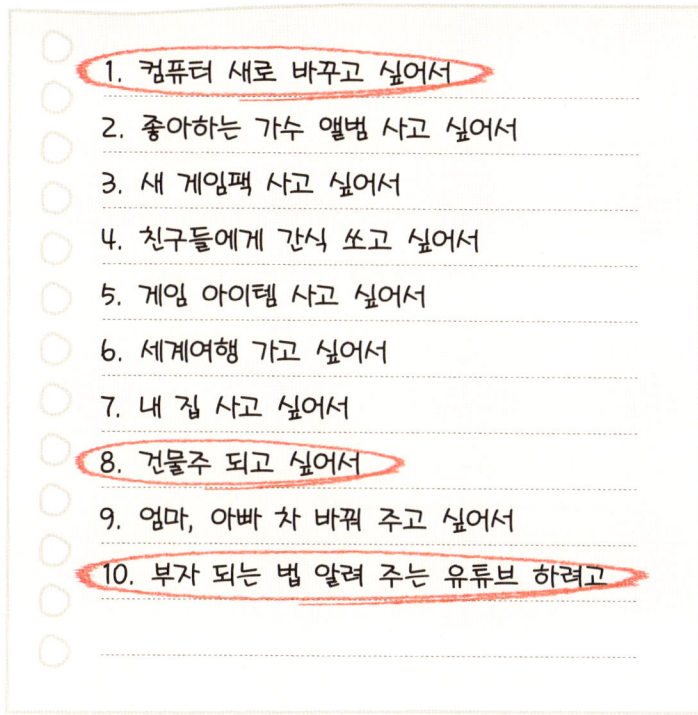

"부자가 되려면 목표가 아주 선명해야 해. 이 세 가지가 정말 네가 원하는 게 맞아?"

도윤이는 고개를 끄덕였다. 하지만 이렇게 적는다고 해서 진짜 그렇게 될 수 있을지는 모르겠다.

"그럼, 이 세 가지를 하기 위해 돈이 얼마나 필요하고 무슨 준비를 해야 하는지 생각해 봐."

도윤이는 먼저 사고 싶은 컴퓨터 본체와 모니터, 키보드, 마우스 가격을 검색했다. 200만 원 정도가 필요했다. 일주일에 1만 원인 용돈을 4년쯤 모아야 하는 돈이었다. 어제 받은 용돈도 200원밖에 남지 않았는데, 돈을 하나도 쓰지 않고 모을 수 있을지 걱정이었다. 게다가 건물주가 되려면 건물이 있어야 하는데, 뉴스를 검색해 보니 건물 하나에 100억 원은 우습게 넘었다. 그나마 싼 건물은 30억 원 정도 하는 것도 있었다. 마지막으로 유튜브 방송을 하려면 부자가 되는 방법을 많이 알아야 한다.

"지금 쓴 내용을 핸드폰 메모장에도 적어 둬. 그리고 앞으로 이 세 가지를 달성할 방법이 떠오르면 메모장에 계속 적는 거야. 구체적일수록 좋겠지? 바꾸고 싶은 컴퓨터의 기종, 사고 싶은 건물의 위치, 돈 버는 방법이나 돈 관리하는 방법 같은 거 말이야."

도윤이의 핸드폰 홈 화면에 메모장이 생겼다.

• memo •••

부자가 되어야 하는 이유

1. 컴퓨터 새로 바꾸고 싶어서: 200만 원
2. 건물주 되고 싶어서: 30억 원
3. 부자 되는 법 알려 주는 유튜브 하려고: 부자 되는 방법 알기

부자가 되는 방법을 고민했더니 돈에 관해 조금 알게 된 듯한 기분이 들었다. 도윤이는 다시 메모장을 열고 한 줄을 추가했다.

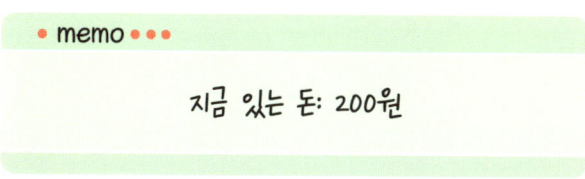

어쩐지 200원이 아주 소중하게 여겨졌다. 아까까지만 해도 200원으로 어떻게 남은 5일을 보내나 걱정했는데, 이제는 200원을 쓸 생각이 사라졌다. 도윤이는 메모장에 또 한 줄을 추가했다.

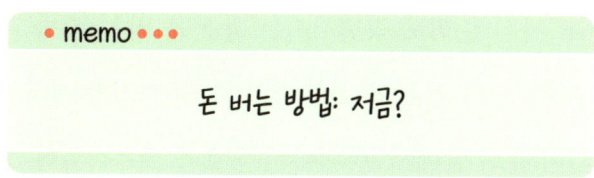

준희 이야기, 돈이 대체 뭘까?

준희는 돈을 펑펑 잘 쓰는 도윤이가 꼭 부자 같다고 생각했다. 용돈으로 맛있는 것도 사 주고 가끔은 피시방 요금도 대신 내 주었다. 사실 준희도 작년까지는 용돈을 받는 족족 다 썼다. 그런데 언제부턴가 용돈을 쓰는 일이 눈치 보이기 시작했다. 아마 부모님이 준희 앞에서 돈 이야기를 했을 때부터였던 것 같다.

"하, 생각보다 이자가 많이 나가네?"

식탁 앞에 앉은 엄마와 아빠의 안색이 어두웠다. 얼핏 듣기로 무슨 주식을 샀다고 했다. 주식이 뭔지는 잘 모르겠지만 엄마와 아빠는 투자라고 했다. 투자도 뭔지 잘 모르겠지만 일단 돈을 벌기 위해 하는 것 같았다.

"빚까지 내는 게 아니었는데……."

아빠가 말끝을 흐리며 마른세수를 하자 준희는 입맛이 뚝 떨어졌다. 그러고 보니 요즘은 맨날 먹던 반찬들이다. 삼겹살은 몇 주 동안 구경도 못했고, 피자나 치킨도 언제 먹었는지 기억나지 않았다. 밥을 먹으면서도 엄마와 아빠는 자꾸 핸드폰을 들여다보았다.

"잘 먹었습니다."

준희는 밥그릇을 치우고 방으로 들어왔다. 사실 어제가 용돈 받는 날이었다. 준희는 매주 금요일 밤마다 5,000원씩 용돈을 받았다. 한 달에 2만 원이다. 5,000원으로 일주일을 보내기도 버거운데 그마저도 이번 주는 못 받을 것 같았다. 하지만 엄마, 아빠에게 차마 용돈 달라는 말을 하지 못했다. 준희는 울컥 눈물이 났다.

'이렇게 용돈이 끊기는 건가? 이제 친구들이랑 어떻게 놀지?'

이런 걱정이 준희를 덮쳤을 때, 톡이 하나 왔다.

 도윤

야, 뭐 하냐? 이거 봐 봐.

> • memo •••
>
> 부자가 되어야 하는 이유
> 1. 컴퓨터 새로 바꾸고 싶어서: 200만 원
> 2. 건물주 되고 싶어서: 30억 원
> 3. 부자 되는 법 알려 주는 유튜브 하려고: 부자 되는 방법 알기

"부자가 되어야 하는 이유?"

도윤이가 보낸 메모에는 부자가 돼서 컴퓨터를 바꾸고 건물을 사고 싶다는 허무맹랑한 이야기가 적혀 있었다.

> 네가 무슨 30억을 버냐?

준희는 용돈을 펑펑 쓰는 도윤이가 30억 원을 모으는 게 말도 안 된다고 생각했다.

 도윤

> 내가 지금 당장 번다고 하냐? 계획인 거지, 계획! 넌 계획이라도 있어?

도윤이의 말대로 준희에게는 딱히 계획이 없었다. 그래도 부자가 된다면 부모님의 빚을 갚아 주고 싶긴 했다.

나도 있거든?

 도윤

없는 말 지어내지 말고.

준희는 도윤이의 빈정거림을 무시하고 책상 앞에 앉았다. 도윤이처럼 부자가 되면 하고 싶은 일을 적어 보았다.

1. 엄마, 아빠 빚 갚아 주기
2.

두 번째는 도무지 생각나지 않았다. 평소 갖고 싶은 것이 많지도 않았고, 적는다고 가질 수 있는지도 모르겠다는 생각으로 고민하는데 전화가 울렸다. 도윤이었다.

"야! 왜 톡 안 보냐?"

통화 버튼을 누르자마자 도윤이가 왈칵 소리쳤다.

"근데 이거 쓴다고 뭐가 되냐?"

준희의 물음에 도윤이는 의기양양하게 말했다.

"우리 언니가 그러는데 이거 있는 사람이랑 없는 사람은 나중에 차이가 크게 벌어진댔어."

확신에 찬 도윤이의 목소리를 들으며 준희는 조금 우울해졌다. 지금도 하나밖에 적지 못했는데 앞으로 차이가 더 벌어진다니, 이렇게 불공평할 수가 없었다.

"난 뭘 써야 할지 모르겠어."

"음, 갖고 싶거나 하고 싶은 거 없어? 게임기라든가, 여행이라든가?"

준희는 여전히 떠오르는 것이 없었다.

"아니면 대학교 등록금? 아니면 자동차? 아니면 집?"

"그냥 이유 없이 돈이 많으면 안 돼?"

준희의 대답에 도윤이는 그럴 줄 알았다는 듯이 물었다.

"얼마가 있어야 많은 건데?"

"10억?"

"10억은 어디에 쓸 건데?"

준희는 또 말문이 막혔다.

'부모님 돈을 갚아 주고, 나머지는 어디에 쓰지?'

밥 먹고 피시방 가는 데 쓴다는 말이 선뜻 나오지 않았다.

"말할 수 없다는 건 돈이 필요 없는 거 아냐? 돈이 필요해야 돈을 벌지. 일단 목표가 있어야 해."

갑자기 도윤이가 어른이라도 된 것 같았다.

"오, 그새 좀 컸네?"

핸드폰 너머에서 다른 사람 목소리가 들렸다. 도윤이의 언니 같았다. 준희는 생각을 들킨 것 같아서 민망했다.

"부자가 되어야 하는 이유가 딱히 떠오르지 않으면, 앞으로 어떤 삶을 살고 싶은지 상상해 보는 것도 좋아. 준희는 나중에 어른이 되어서 어떻게 살고 싶어?"

"음, 고양이나 강아지를 키우고 싶어요."

준희는 고양이를 안고 있는 어른이 된 자신이 떠올랐다.

"그러면 강아지나 고양이가 편하게 지낼 수 있는 크기의 집이 필요하겠네. 또 어떻게 살고 싶어?"

"그 집이 아파트면 좋겠어요! 큰 침대를 두고 늦잠 잘래요. 그리고 대학생이 되면 혼자 여행도 가고 싶어요. 오로라 보러 캐나다 가고 싶어요. 아프리카에도 가 보고 싶어요. 이집트 사막도요!"

준희는 갑자기 하고 싶은 것이 마구마구 생각났다. 지금은 할 수 없지만, 미래의 김준희는 할 수 있을 것 같은 일들이 하나둘 떠오르더니 와르르 밀려들었다.

"오, 많네! 그럼 열 개만 적어 볼래?"

"네!"

준희가 열 가지를 적는 동안 전화기 너머는 잠잠했다.

"다 썼으면 그중에서 세 가지를 남겨 봐."

준희는 도윤이 언니의 말에 따라 세 가지를 추렸다.

1. 엄마, 아빠 빚 갚아 주기
2. 아파트로 내 집 장만하기: 큰 침대!(중요!)
3. 대학생 때 여행 가기: 오로라 여행, 이집트 여행(중요!)

"이제 올해부터 할 수 있는 일이 뭐가 있을지 한 번 고민 해 봐."
"네!"

힘차게 대답한 준희는 도윤이에게 내일 윤슬이와 공원에서 만나자고 말한 다음 전화를 끊었다. 어쩐지 벅찬 기분이 들었다. 준희는 다시 연필을 쥐었다.

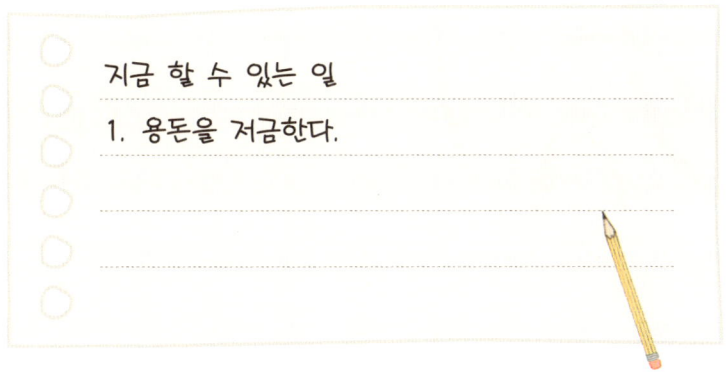

'또 뭘 할 수 있을까?'

준희가 고민에 빠져 있을 때, 밖에서 부모님의 한숨 소리가 들렸다. 방문을 열어 보니 엄마와 아빠가 아직도 식탁 앞에 앉아 있었다. 식탁으로 다가간 준희는 엄마의 손을 잡고 살짝 흔들었다. 움직임 없는 엄마의 얼굴이 무척 어두워 보였다. 아빠가 준희의 머리를 가만가만 쓰다듬었다. 준희는 눈물이 나오려는 것을 꾹 참고 단호하게 말했다.

"엄마, 아빠. 나 이제 용돈 안 받을게."

방으로 돌아온 준희는 다시 돈을 벌 수 있는 방법을 고민했다.

지금 할 수 있는 일
1. 용돈을 저금한다.
2. 주식은 '절대' 하지 않는다!

그다음은 잘 떠오르지 않았다.

윤슬이 이야기,
돈을 모으려면 안 쓰면 돼

공원에 도착한 윤슬이는 친구들을 찾기 시작했다. 아직 날씨가 풀리지 않아서 그런지 공원에는 사람이 별로 없었는데, 웬 선글라스를 낀 할아버지가 벤치에 앉아 있었다. 그리고 바로 옆 벤치에 친구들이 있었다.

윤슬이가 다가가자 때마침 도윤이와 준희가 한숨을 내쉬었다.

"뭘 보면서 한숨을 쉬고 있어?"

윤슬이는 친구들이 들여다보던 핸드폰 화면을 슬쩍 내려다보았다.

"부자가 되어야 하는 이유?"

도윤이의 핸드폰 메모장에는 '건물주', '30억' 따위의 단어가 적혀 있었다.

"부자가 되기로 결심했어. 그래서 사고 싶은 거 다 살 거야."

도윤이가 씩씩하게 말했다.

"어떻게?"

윤슬이의 물음에 다시 기세가 꺾인 도윤이는 핸드폰 화면을 만지작대며 우물거렸다.

"아직 방법은 잘 몰라. 하지만 일단 부자가 되고 싶은 이유를 만드는 게 중요하다고 언니가 그랬어. 저축이라도 해 보려고."

윤슬이는 저축으로 어떻게 부자가 될 수 있다는 말인지 이해되지 않았다.

"윤슬아, 너 용돈 얼마 받아?"

한숨을 계속 쉬던 준희가 조심스럽게 물었다.

"나는 일주일에 만 원 받아. 근데 가끔 엄마가 주는 걸 잊으시기도 해."

"용돈 안 받으면 준비물 같은 건 어떻게 사?"

준희가 의아한 듯이 다시 물었다.

"준비물 살 일이 거의 없긴 한데, 정 필요하면 모은 돈으로 사."

"돈을 모았어? 어떻게?"

이번에는 눈이 동그래진 도윤이가 물었다.

"돈? 안 쓰면 되지."

기대로 가득했던 도윤이의 얼굴에 실망이 내려앉았다.

"그래서 얼마나 모았어? 3만 원? 혹시…… 5만 원?"

준희가 호기심 가득 찬 눈빛으로 물었다.

"한 12만 원 정도?"

"진짜?"

"뭐?"

깜짝 놀란 준희와 도윤이가 소리를 질렀다. 충격을 받은 것 같은 준희의 말이 이어졌다.

"용돈을 못 받을 때도 있는데 12만 원이나 모았다고? 석 달 동안 한 푼도 쓰지 않아야 모을 수 있는 돈이잖아!"

"여섯 달 정도 모은 거야. 그냥 통에 넣어 뒀더니 그렇게 모였어."

그러자 준희와 도윤이가 윤슬이에게 찰싹 달라붙었다.

"그럼, 우리 피시방 갈까? 너 돈 많잖아."

도윤이가 은근슬쩍 물었다. 준희는 윤슬이의 대답이 궁금한 표정이었다.

"돈 안 가지고 나왔어. 그리고 난 게임 안 좋아해."

윤슬이는 곤란했다. 평소 친구들에게 아낌없이 돈을 잘 쓰는 도윤이의 제안을 거절하기가 쉽지 않았다.

그때 옆 벤치에 앉아 있던 할아버지의 목소리가 들려왔다.

"친구 돈을 맘대로 쓰려고 하면 안 되지."

할아버지는 쓰고 있던 선글라스를 살짝 내리며 아이들을 바라보았다. 낯선 사람이 끼어드는 게 반갑지 않았던 도윤이는 할아버지의 말을 무시하고 다시 윤슬이의 팔을 흔들었다.

"그러지 말고 피시방 가자. 내가 게임하는 거 알려 줄게."

슬쩍 바라본 준희의 표정에도 기대감이 묻어 있는 것을 본 윤슬이는 고개를 흔들며 말했다.

"그럼, 집에 가서 돈 가져올 테니까 잠깐 기다려."

윤슬이가 돌아서려고 할 때 할아버지가 다시 입을 열었다.

"부자가 되겠다는 녀석들이 벌써 빚을 지면 쓰나. 오늘 쓴 돈은 언제 갚으려고 그러냐?"

할아버지의 지적에 도윤이와 준희가 움찔하였다. 윤슬이는 할아버지를 바라보았지만, 아직 낯선 사람에 대한 경계는 풀 수 없어 두 걸음을 뒤로 물렸다.

"저 친구가 하는 말이 다 맞아. 부자가 되려면 일단 돈을 안 써야지. 너희가 세운 목표는 이렇게 하루만 지나면 무너질 계획이었니?"

할아버지가 아이들을 바라보더니 씩 웃었다.

"어린 녀석들이 돈 공부를 한다니, 기특해서 하는 말이다. 돈이 없으면 일단 모아야지. 돈 통에 모으든 은행 계좌에 모으든 하나는 해야지."

"은행 계좌가 뭔데요?"

도윤이가 눈을 반짝이며 물었다.

"통장을 만드는 거지. 이자가 나오는 일종의 주머니랄까?"

"이자는 또 뭔데요?"

이번엔 준희가 물었다.

"이자는 통장에 돈을 넣으면 은행에서 주는 보너스 같은 거지."

"계좌를 만들면 이자 많이 줘요?"

준희가 성급하게 다시 물었다. 부모님의 빚 문제를 해결할 방법이 이자에 있는 거 같았다.

"예끼, 돈을 그렇게 쉽게 많이 줄 거 같으냐? 그래도 그냥 돈통에 모으는 것보다는 얻는 게 더 있을 거다. 함부로 쓰기 어려워지니 아무래도 돈을 모으기도 좋겠지. 어으, 아직 춥네."

말을 마친 할아버지는 바지를 털고 일어나 공원을 걸어 나갔다. 어느새 아이들의 머릿속에 피시방은 사라지고 '이자, 은행, 계좌'라는 말이 가득 찼다.

"은행에 가면 계좌라는 걸 만들어 주나?"

도윤이의 말에 준희는 고개를 끄덕였다.

그 길로 은행을 향해 달려간 친구들을 뒤로하고 윤슬이는 집으로 돌아왔다. 아직 초등학생인데 벌써 돈에 관심을 갖다니, 어쩐지 뒤처진 느낌이었다. 반에서 손꼽을 정도로 성적이 좋은 윤슬이는 항상 친구들보다 앞서 있다고 생각했는데, 돈에서만큼은 아닌 거 같았다.

"부자라, 나도 한번 적어 볼까?"

윤슬이는 공책을 펼치고 도윤이와 준희처럼 부자가 되어야 하는 이유를 하나씩 적기 시작했다.

건택이 이야기,
돈 벌고 싶으면 머리를 써야지

건택이는 김이 샜다. 도윤이에게서 피시방에 못 온다는 연락이 왔다. 게임을 잘하는 도윤이가 없으면 레벨을 올리는 일이 쉽지 않았다. 건택이는 쉬운 게 좋았다. 게임이든 공부든 쉬우면 하고 어려우면 안 했다. 결국 4연패를 한 건택이는 피시방 의자에서 일어났다. 역시 도윤이가 있어야 한다.

피시방을 나온 건택이가 터덜터덜 길을 걷는데 익숙한 목소리가 들렸다.

"계좌 만들려면 부모님 동의가 필요하대!"

"그럼, 부모님 허락부터 받아야겠다. 집에 가자."

준희와 도윤이의 목소리였다.

"야! 김준희! 마도윤!"

건택이가 소리치자, 친구들이 뒤를 돌아보았다.

"너희 여기서 뭐 해?"

"나중에 알려 줄게!"

은행 앞에 서 있던 친구들은 건택이의 물음에는 답하지 않고 바쁘게 각자 흩어져 달리기 시작하였다. 그 모습을 멀거니 바라보던 건택이가 정신을 차리고 도윤이를 쫓아갔다.

"야, 뭔데?"

건택이가 따라붙자, 도윤이는 조금 천천히 걸으며 지금까지의 일을 말해 주었다. 가만히 듣던 건택이는 피식 웃어 버렸다.

"용돈만 모아서 언제 건물주가 되고, 언제 여행 갈 돈을 모으냐?"

발끈한 도윤이가 말했다.

"그러는 너는 모은 돈이라도 있어?"

건택이도 모은 돈은 딱히 없었다. 매주 부모님에게 5,000원씩 용돈을 받고, 명절에 친척들이 용돈을 주면 그걸 또 받아서 야금야금 썼다. 돈이 정 부족하면 집 근처의 할머니 댁에 가서 할머니가 시키는 일을 하고 용돈을 받았다. 건택이는 도윤이의 물음에 대답하지 않고 말을 돌렸다.

"갑자기 왜 돈타령이야? 왜 부자가 되고 싶은 건데?"

"부자가 되면 사고 싶은 걸 마음껏 살 수 있으니까 그렇지. 매주 용돈에 쪼들리지 않아도 되고 얼마나 좋냐?"

도윤이 말도 일리가 있었다. 돈이 떨어질지 몰라서 걱정하는 것은 불편했다.

"돈을 벌려면 머리를 써야지. 무작정 저축만 한다고 되냐?"

"그게 무슨 말이야? 일단 저축해야 모으지."

도윤이가 답답하다는 듯이 말했다.

"아니지. 생각해 봐. 한 달에 많아야 4만 원, 1년에 48만 원을 받아서 무슨 부자가 되냐고. 애당초 용돈만 모아서는 안 되지."

"전에는 48만 원도 큰돈 같았는데……."

"용돈 말고 다른 걸로 돈 벌 궁리를 해야지. 일 말이야."

"일이라니? 초등학생이 무슨 일이야? 어떤 사람이 초등학생한테 일을 주냐?"

도윤이가 황당하다는 듯이 대꾸했다.

"우리 할머니가 그러셨어. 자기가 잘하는 것, 그리고 남한테 필요한 것. 이렇게 두 개 조건만 달성하면 누구든 돈을 벌 수 있다!"

건택이가 의기양양하게 말했다. 물론 건택이도 이 말의 뜻을 다 이해한 것은 아니지만, 할머니가 워낙 자주 이야기해서 자연스럽게 외웠다.

"응? 그러니까 사업을 하라는 말씀인 거지? 그거 위험한 거 아니야?"

"위험이 없으면 돈도 없다. 우리 할머니가 항상 하시는 말씀이야."

"초등학생이 무슨 사업을 하는데?"

"그건…… 나도 모르지."

대화하면서 걷다 보니 어느덧 도윤이네 집 앞이었다. 도윤이는 부모님과 통장 만드는 것을 상의해야 한다며 건택이에게 인사했다.

도윤이와 헤어지고 집으로 돌아온 건택이는 침대에 벌렁 누웠다.

"부자라니……."

건택이는 딱히 생각해 본 적이 없는 주제였다. 언젠가 돈을 벌긴 하겠지만, 너무 먼 일처럼 느껴졌다. 건택이는 친구들이 자신만 모르는 이야기를 하는 게 썩 마음에 들지 않았다.

1~2월에 배우는 경제 용어

이자 이자는 계좌에 돈을 넣어 두면 받을 수 있는 보너스 돈을 말해요. 많은 돈을 맡길수록 더 많은 이자를 받을 수 있습니다.

주식 기업이 사업을 키우기 위해 회사의 일부를 파는 것입니다. 기업은 여러 사람에게 주식을 팔아서 모은 사업 자금으로 기술을 개발하고 공장을 세우기도 하면서 돈을 벌어요. 주식을 많이 가질수록 그 회사가 번 돈에 관한 권리를 많이 갖게 된답니다.

투자 이익을 얻기 위해 부동산이나 주식처럼 경제적 가치가 있는 재산을 사는 일을 말합니다. 여러분은 '돈이 돈을 번다.'는 말을 들어 본 적이 있나요? 노동의 대가로 돈을 벌 수도 있지만, 이렇게 투자를 통해 재산을 사고 다시 팔면서 돈을 벌 수도 있답니다.

저축 돈을 절약해서 모아 두는 것을 말합니다. 다시 말하면, 돈을 아끼고 쓰지 않는 것입니다. 저축을 잘하는 사람은 꼭 필요한 일에만 돈을 쓰고, 작은 돈도 차곡차곡 모으는 습관이 있답니다.

계좌 돈이 들어오고 나간 것을 표시하는 장부입니다. 쉽게 말해 '통장'이에요. 계좌마다 번호가 있는데, 이것을 '계좌 번호'라고 합니다. 돈을 보내거나 받을 때는 이 번호가 있어야 해요. 계좌는 은행에서 만들 수 있습니다.

사업 사람들에게 물건이나 서비스를 파는 일을 말합니다. 신발이나 옷을 팔 수도 있고, 머리를 손질해 주거나 운전을 대신 해 주는 서비스를 팔 수도 있죠. 혼자 할 수도 있지만, 직원을 채용해서 함께 일할 수도 있어요. 사업은 이렇게 하나의 조직을 만들어서 돈이 계속 들어올 수 있도록 일정한 시스템을 만드는 과정이랍니다.

1~2월의 활동

여러분도 부자가 되고 싶나요? 그렇다면 도윤이처럼 부자가 되고 싶은 이유 열 가지를 적은 다음, 가장 중요한 세 가지에 동그라미를 쳐 보세요.

1.
2.
3.
4.
5.
6.
7.
8.
9.
10.

위의 세 가지를 이루기 위해 지금 실천할 수 있는 일은 무엇일까요?

2장. 3월의 경제 교실

경제 교실이 뭐야?
(수입과 지출)

장래 희망은 부자입니다

새 학기가 시작되었다. 도윤이는 교실 문을 힘차게 열고 들어갔다. 교실은 이미 북적북적했다. 아이들은 서로 얼굴을 확인한 다음 웃기도 하고 탄식하기도 했다. 도윤이에게 가장 먼저 알은체를 한 사람은 건택이었다.

"야, 너 1반이냐?"

"아, 뭐야. 너도 우리 반이야?"

도윤이와 건택이는 같은 반이 된 게 좋으면서도 괜히 서로에게 투덜거렸다.

"김준희! 너도 6학년 1반이야?"

도윤이가 준희를 반갑게 맞이했다. 준희는 가방을 내려놓고 다가왔다.

"안녕! 근데 윤슬이도 우리 반인가 봐!"

소란스러운 새 학기 첫날에도 윤슬이는 자리에 앉아 수학 문제를 풀고 있었다.

잠시 후 종이 울리고 교실 앞문이 드르륵 열렸다. 아이들은 후다닥 자리에 앉아 교실로 들어오는 선생님을 바라보았다. 선생님은 힘찬 발걸음으로 들어와 칠판에 '강유재'라고 썼다.

"안녕하세요, 여러분. 1년 동안 함께할 강유재 선생님입니다. 반갑습니다."

아직 어색한 준희는 흘낏흘낏 선생님을 쳐다보고, 넉살 좋은 도윤이는 선생님을 향해 눈이 한껏 휘어지게 웃었다.

"1교시에는 친구들에게 자신을 소개하는 시간을 가질 거예요. 활동지를 한 장씩 받아서 작성해 주세요. 작성 후에는 각자 자리에서 일어나 자기소개를 해 볼게요."

'첫날마다 이렇게 어색한 자기소개 좀 안 하면 안 되나?'

준희는 벌써부터 쭈뼛거리는 자기 모습이 떠올라 괜히 닭살이 돋았다. 한숨을 쉬고 활동지를 내려다보니 장래 희망 칸이 눈에 띄었다.

'장래 희망? 내 꿈이 뭐지?'

준희는 딱히 떠오르는 꿈이 없었다. 드라마 속 멋진 주인공이

의사일 때는 의사가 되고 싶었고, 좋아하는 가수가 생기면 가수가 되고 싶었다. 하지만 그 꿈들은 오래 가지 않았다. 최근에는 그냥 돈을 많이 버는 직업을 가지고 싶었다. 의사나 변호사는 돈을 많이 버는 것 같았지만, 공부를 아주 잘할 자신이 없었다. 준희는 장래 희망 칸에 막혀서 다음으로 넘어가지 못했다.

건택이는 자기소개서를 쓰는 게 귀찮았다. 대충 다 아는 애들인데 자기소개를 꼭 해야 하나 싶었다. 이름만 써 놓고 방과 후에 무엇을 할지 생각했다.

어느덧 한 명씩 일어나 자기소개를 할 때가 되었다.
"자리에서 일어나 인사하고, 이름, 장래 희망, 같은 반이 된 친구들에게 하고 싶은 말도 덧붙여 주길 바랍니다."

열심히 듣던 아이들은 발표자가 열 명을 넘어가자 지루한지 슬슬 딴짓을 하기 시작했다. 자기소개서를 작성할 때부터 몸이 쑤시던 건택이는 거의 드러눕다시피 의자 끝에 엉덩이를 걸쳐 앉았다.

"다음 차례인 도윤이가 발표해 볼까요?"

평소 발표라면 질색하던 장난꾸러기 도윤이가 왜인지 자신만만한 표정으로 일어섰다. 방학 내내 부자가 되는 방법을 함께 고민했던 준희는 도윤이의 장래 희망이 궁금했다.

"안녕하세요! 저는 마도윤이고, 제 꿈은 부자가 되는 것입니다."

"풋!"

적막하던 교실에 웃음이 번지기 시작했다.

"쟤 뭐야?"

"나도! 나도!"

웃음기 어린 목소리들이 섞여 들고 자기소개서를 급하게 고치는 손놀림도 여럿 보였다.

준희는 냅다 부자가 되겠다고 당당하게 말하는 도윤이가 어이없었다. 장래 희망은 아무래도 직업을 말해야 할 것 같았기 때문이다.

강유재 선생님은 흐리멍덩하던 눈빛들이 반짝 빛나는 것을 보고 아이들의 관심사가 '돈'이라는 걸 단번에 알아차렸다.

"부자가 되려면 돈이 많아야 할 텐데, 도윤이는 어떻게 하면 돈을 많이 벌 수 있는지 생각해 봤나요?"

장난스럽던 도윤이의 표정이 순간 진지해졌다.

"그걸 아직 못 찾은 게 고민입니다. 그래서 저는 부자가 되는 방법을 아는 게 올해의 목표입니다!"

도윤이의 말에 아이들이 한마디씩 던졌다.

"복권 사면 되지!"

"비트코인 사!"

강유재 선생님은 아이들을 진정시키고 물었다.

"혹시 복권이나 비트코인 이외에 도윤이가 꿈을 이루려면 어떻게 해야 할지 떠오르는 친구들이 있나요? 자유롭게 이야기해 봅시다."

누구도 선뜻 자신 있게 나서서 얘기하지 못했다.

준희는 선생님의 질문을 곰곰이 생각했다.

'부자가 되기 위해서 어떤 노력이 필요할까? 일단 저축도 해야 하고, 돈은 최대한 안 써야겠지. 만약 돈을 쓰면 어디에 적어야 하나?'

준희는 무언가 좋은 생각이 떠오른 듯했다.

"너는 친구가 부자가 되겠다는데, 그렇게 크게 웃냐?"

자존심이 상했던 도윤이는 집 가는 길에 괜히 건택이에게 심술을 부렸다.

"대뜸 부자가 되고 싶다는데, 웃겨서 그랬지. 아무튼 오늘은 피시방 갈 거지? 옆 반 민준이도 온대!"

시무룩해하는 틈을 타서 한동안 피시방에 발걸음을 끊었던 도윤이를 꼬드기는 건택이였다.

"오늘은 안 돼. 유튜브에 부자 되는 방법 검색해 볼 거야."

"유튜브에 검색한다고 그게 나오냐? 진짜 안 갈 거야?"

"마도윤!"

준희가 단숨에 뛰어와 도윤이의 어깨를 치며 말했다.

건택이는 이러다가 오늘도 도윤이와 준희가 자기만 빼고 가 버릴 것 같아 괜히 서운했다. 겉으로는 아닌 척했지만 내심 둘이 뭘 그렇게 쑥덕이는지 궁금하기도 했던 참이라 슬그머니 귀를 기울였다.

"내가 부자가 되는 방법을 생각했는데, 같이 얘기해 보자!"

"뭔데? 어떻게 떠올렸어?"

"여기서는 좀 그렇고, 일단 저기 앉아서 이야기하자."

준희가 떠올린 방법이 은근히 궁금했던 건택이는 괜스레 툴툴거리며 두 사람의 뒤를 따라갔다.

"이것만 얘기하고 피시방 가는 거다?"

준희가 가리킨 공원 벤치에 앉자마자 도윤이가 물었다.

"부자가 되는 방법을 벌써 알았단 말이야? 대체 뭔데?"

"그게 있잖아……."

준희가 침을 꼴딱 삼키자, 도윤이와 건택이도 덩달아 주변의 눈치를 살폈다. 곧 무언가를 결심한 듯 준희가 결연하게 말했다.

"돈을 기록해야 해!"

생각보다 별것 아닌 싱거운 방법에 도윤이는 실망한 기색을 감추지 못했다.

"그럼, 그렇지. 부자가 되는 게 그렇게 쉽냐? 도윤아, 피시방이나 가자!"

"그래, 건택아. 부자가 그냥 되겠어? 일단 돈을 기록해야 해!"

준희가 여유 있게 웃으며 되받아쳤다.

"그게 일기 쓰는 거랑 뭐가 달라? 박물관 갔다 와서 보고서 쓴다고 박사가 돼? 대체 기록이 무슨 의미가 있는 건데?"

망연자실한 표정의 도윤이가 물었다.

"바로 그거야! 박물관에 다녀와서 그냥 자면 눈으로 봤던 게 다 사라지잖아. 일기도 마찬가지고! 너희 작년 10월 3일에 뭐 했는지 기억나?"

"당연히 모르지."

빨리 피시방에 가서 게임이나 하고 싶은 건택이가 심드렁하게 대답했다.

"5학년 때 썼던 일기장 보면 나와 있겠지, 뭐."

도윤이도 힘없이 대꾸했다.

"네 말처럼 일기를 보면 1년이 더 지난 일도 다 기억나. 그리고 하루하루가 매일 똑같은 것 같아도 조금씩 다른 일이 생기잖아.

피시방은 하루에 얼마야?"

"하루가 무슨 말이야. 피시방은 시간당 1,200원이잖아."

건택이가 준희를 타박하며 대답했다.

"건택아, 너 어제 피시방에서 얼마 썼어?"

"어제 피시방 안 갔는데?"

"그럼, 일주일 전에는? 너 그때 형들이랑 같이 가서 음식도 사 먹었다며?"

"형들이 게임 레벨 올려 줘서 내가 샀어! 로제 떡볶이랑 치킨마요 덮밥 시켜 먹었는데……."

"그게 얼마인지 기억나?"

"그걸 어떻게 기억하냐? 대충 5,000원에 6,000원 더하고…… 피시방도 세 시간 끊어서 1만 5,000원은 썼을걸?"

건택이는 말하면서도 아차 싶었다. 하루 만에 한 달 용돈을 거의 다 썼다는 사실을 이제 알았다.

"하루에 그만치 쓸 정도면, 너 원래 돈 얼마나 있었어?"

도윤이가 깜짝 놀라 물었다. 준희는 건택이의 흔들리는 눈동자를 보고 다 안다는 듯 고개를 끄덕이며 말을 이었다.

"너도 이렇게까지 돈을 썼는지 몰랐지? 일단 부자가 되려면 내가 돈을 어떻게 쓰는지부터 알아야 해. 일기 쓰듯이 기록해야 한다니까?"

지난 일주일을 돌아본 건택이는 홀린 듯이 준희의 말을 귀 기울여 듣고 나서 물었다.

"어떻게 써야 하는데? 일기에 추가해야 해? '나는 오늘 피시방에 갔다. 피시방에서 형들한테 로제 떡볶이랑 치킨 마요 덮밥을 사 줬다. 로제 떡볶이는 5,000원이고 치킨 마요 덮밥은 6,000원이었다. 피시방 요금은 3,000원이었다.' 이렇게 쓰라고?"

준희가 아랫입술을 깨물며 자신만만하던 고개를 떨궜다.

"기록하긴 해야 할 것 같은데, 어떻게 적을지는 잘 모르겠어."

"뭐야, 아는 척은 다 하더니……. 나 그냥 간다! 마도윤, 너 진짜 피시방 안 갈 거지?"

헤픈 씀씀이를 반성하는 것 같았던 건택이는 언제 그랬냐는 듯 또다시 피시방 타령을 하며 벤치에서 일어섰다.

"기록이 필요한데, 뭘 어떻게 해야 할지 모르겠다는 거지? 우리 저번에 만든 통장을 따라 해 볼까?"

대충 손을 휘젓는 것으로 건택이에게 인사한 도윤이가 준희에게 말했다.

"통장에 숫자가 찍히는 것처럼 따라서 기록해 보자는 거지?"

부자가 되겠다는 공동의 목표를 굳세게 다진 도윤이와 준희는 머리를 맞대고 고민을 이어 갔다.

교실에서 시작하는 경제활동

다음 날, 강유재 선생님은 수업에 들어오자마자 칠판에 경제활동이라고 크게 썼다.

"오늘부터 교실에서 경제활동을 할 겁니다. 일도 하고, 돈도 벌고, 세금도 내고, 저축도 할 거예요. 우리가 사는 세상이 돌아가는 원리를 배울 수 있는 중요한 시간이 될 겁니다."

경제활동이라는 말에 윤슬이는 이럴 시간에 공부나 했으면 좋겠다고 생각했다. 하지만 친구들은 대부분 공부만 아니면 다 좋다는 얼굴이었다.

"좋아요!"

"재밌을 거 같아요!"

아이들은 고개를 끄덕이며 선생님의 제안을 받아들였다.

"교실에서 일을 해서 돈을 벌면 화폐 기입장에 적고, 돈을 쓰면 그 내용도 화폐 기입장에 적어야 합니다."

선생님은 화면에 화폐 기입장을 띄웠다. 그다음 화폐 기입장이라고 적힌 종이를 한 장씩 나누어 주었다.

"먼저 날짜를 적고, 돈이 들어오면 내용 칸에 어떻게 들어왔는지 쓰고 수입 칸에 금액을 적으면 됩니다. 만약 돈이 나갔다

6학년 1반 이름:

날짜	내용	수입	지출	잔액

면 내용 칸에 어떻게 나갔는지 쓰고 지출 칸에 금액을 적으면 됩니다. 그리고 남은 돈을 잔액 칸에 적어요."

"선생님, 돈은 어떻게 벌어요?"

선생님의 설명이 끝나기 무섭게 준희가 물었다.

"여러분, 1인 1역 해 본 적 있지요?"

초등학교 최고참인 6학년답게 아이들은 당연하다는 듯이 고개를 끄덕였다.

"1인 1역으로 일을 해서 돈을 벌 수 있답니다."

강유재 선생님이 이번에는 화면에 1인 1역을 띄웠다.

"일단 돌아가면서 1인 1역을 종류별로 모두 해 볼 겁니다. 번호 순서대로 하루에 하나씩 할 수 있습니다. 다음 날이 되면 다음 번호의 1인 1역을 하면 됩니다. 그리고 한 달 뒤에 자신이 하고 싶은 1인 1역을 고를 수 있습니다. 인기 많은 직업은 친구들과 경쟁해야 할 수도 있어요! 그때부터 매주 금요일 마지막 수업 시간마다 이직할 수 있습니다."

아이들은 1인 1역을 유심히 살펴보았다.

"일급이 조금씩 다르네?"

준희는 금액을 먼저 확인했다.

"일을 제대로 하면 돈이 들어올 겁니다. 일급은 누가 주는 걸까요?"

"은행원이요!"

"맞습니다. 매일 돈을 받다 보면 조금씩 모이겠죠? 1인 1역의 할 일을 수행하면 꼼꼼이들이 확인해 줄 겁니다. 꼼꼼이에게 확인받은 친구들은 매일 5교시 쉬는 시간에 은행원에게 가서 일급을 받으면 됩니다. 오늘부터 차례대로 1인 1역을 할 거예요. 여러분이 각자 맡은 역할은 교실 앞에 붙여 놓을 테니 확인해 보세요."

우리 반 1인 1역

역할	할 일	일급
게시판 우체부(1명)	게시판 작품 갈아 끼우기	100원
꼼꼼이(4명)	다른 친구들이 1인 1역을 잘했는지 확인하기	150원
화분 담당(1명)	학급 화분에 물 주기	50원
뒷문지기(1명)	① 수업 시간 전에 뒷문 닫기 ② 교실 이동할 때 선풍기, 온풍기, 전등 끄고 뒷문 잠그기	150원
문구 관리 요원(1명)	쉬는 시간에 연필깎이 꺼내 놓기	50원
분리수거 관리자(1명)	분리수거함 비우고 일반 쓰레기 버리기	150원
수업 종 지킴이(1명)	수업 종이 쳐도 세상모르고 노는 친구들 자리에 앉히기	100원
수합 비서(1명)	학습지, 책 등의 수거와 정리 돕기	150원
가통 우체부(1명)	가정통신문 가져오기	100원
앞문지기(1명)	① 수업 시간 전에 앞문 닫기 ② 교실 이동할 때 선풍기, 온풍기, 전등 끄고 앞문 잠그기	150원
우산 관리자(1명)	우산함 관리하기	50원
은행원(4명)	1인 1역을 잘 수행했는지 확인해서 일당 주기	150원
의사(1명)	아침마다 창문을 열어 교실 환기하고, 작은 상처에 반창고 붙여 주기	100원
책 사랑 도우미(1명)	학급 문고 정리하기	50원
청소 반장(1명)	점심 먹기 전에 청소 검사하기	50원
칠판 담당(2명)	쉬는 시간마다 칠판 청소하기	100원
환경미화원(1명)	청소 도구함 정리하기	50원

"네!"

"그런데 여러분, 돈을 벌면 세금을 내야 한다는 걸 알고 있나요?"

'세금'이라는 말에 아이들의 얼굴이 굳었다.

"국민은 국가에 세금을 내야 하는 의무가 있답니다. 정부는 우리가 낸 세금으로 국가의 살림을 꾸려 나가죠. 여러분이 학교에서 먹는 급식도 세금으로 나간답니다. 나라를 지키는 무기를 사기도 하고 도로를 만들거나 나무를 심기도 합니다. 세금으로 형편이 어려운 사람들을 도와주기도 하고, 미래 산업을 발전시키기 위해 기업을 지원하기도 하죠."

"세금은 나라를 운영하는 데 중요한 역할을 하네요."

윤슬이가 조용히 말했다. 강유재 선생님은 윤슬이의 말에 고개를 끄덕였다.

"세금에는 다양한 종류가 있어요. 돈을 벌면 소득세를 내야 하고, 부모님에게 재산을 물려받으면 상속세를 내야 합니다. 건물이나 땅, 집을 가지고 있으면 부동산세를 내야 해요. 물건을 사면 그 안에 소비세가 포함되어 있답니다. 이 외에도 아주 다양한 세금이 있어요. 이 중에서 우리는 소득세를 낼 겁니다. 우리나라에서는 일해서 번 돈의 3.3퍼센트를 소득세로 매깁니다. 돈을 받을 때 미리 그만큼의 세금을 떼고 주죠."

"그럼, 우리도 3.3퍼센트의 소득세를 떼고 일급을 받나요?"

"맞아요. 은행원들이 계산을 잘해야겠죠? 하지만 우린 헤아리기 쉽게 소득세를 3퍼센트로 하려고 합니다."

아이들은 세금 이야기에 긴장한 듯했다. 그때 갑자기 궁금한 것이 생긴 건택이가 손을 번쩍 들었다.

"선생님, 저희가 낸 세금은 어떻게 쓰이나요?"

건택이의 질문에 강유재 선생님은 웃으며 대답했다.

"세금으로 거둔 학급 화폐는 우리 반을 위해 쓰일 겁니다. 갑자기 직업을 잃어서 소득이 없어진 친구를 지원할 때 쓸 수도 있어요."

"직업을 잃어요?"

당황한 아이들이 물었다.

"갑자기 있던 직업이 사라질 수도 있겠죠?"

선생님의 말에 아이들이 웅성거리기 시작했다. 선생님은 아이들을 다시 집중시키고 입을 열었다.

"자, 일단 오늘은 각자 맡은 역할이 뭔지 확인해 보세요. 이 시간이 끝나면 바로 시작하겠습니다."

뚫어지게 화폐 기입장을 들여다보던 준희가 손을 들었다.

"선생님, 저 질문이 있는데요. 일급을 모으면 어떤 걸 살 수 있나요? 뭐가 좋은지 궁금해요."

"좋은 질문입니다. 일급을 모아서 쓸 수 있는 목록도 함께 확인해 보세요."

지출 목록

내용	금액
급식 우선권(하루에 최대 3명까지 사용 가능)	2,000원
필기도구 1개 구매	1,000원
아침 음악 선택권(1곡당)	300원
청소 면제권(일주일에 1명만 구매 가능)	3,000원
선생님과 영화관 나들이	20,000원

"우와!"

아이들이 소리쳤다. 그중에서 건택이는 청소 면제권을 보며 눈을 빛냈다.

"일급을 모을 때는 그냥 가지고 있을 수도 있지만, 은행에 저축할 수도 있습니다. 은행원에게 가서 통장을 만들고 돈을 맡기면 이자가 나옵니다. 은행에 맡긴 돈의 1퍼센트를 이자로 받을 수 있고, 매달 21일에 지급됩니다. 1,000원을 저축했다면 10원, 2,000원을 저축했다면 20원을 이자로 받을 수 있어요. 모든 수입과 지출은 은행원에게 확인받은 후 도장까지 받아야 인정됩니다. 은행원들은 각각의 수입과 지출 내용을 우리 반 전체 화폐 기입장에 매번 정리할 거예요. 또 질문 있나요?"

"선생님! 언제까지 1인 1역을 다하면 되나요?"

"5교시 쉬는 시간 안에 꼼꼼이에게 확인받기로 했으니, 4교시 쉬는 시간 안에만 다 하면 되겠죠?"

"네!"

6학년 1반 아이들의 우렁찬 목소리가 복도 끝까지 울렸다.

6학년 1반 아이들의 돈 버는 고민

"오늘 맡은 역할은 뭐야?"

벌써 개학한 지도 한 달이 다 되어 갔다. 아이들은 1인 1역을 하며 차곡차곡 돈을 모았고, 쉬는 시간이면 서로 얼마나 모았는지 이야기하기에 바빴다.

"준희야, 나 오늘은 수합 비서야! 일이 좀 많지만, 돈을 더 주니까 좋아."

"나는 환경미화원인데…… 어제 꼼꼼이 해 보니까, 일급은 높지만 할 일이 많아서 힘들더라고. 오늘은 청소 도구함만 정리하면 되니까 어제보다 편할 것 같아."

도윤이와 준희가 신나게 수다를 떠는 옆으로 건택이가 쓱 다가왔다.

"피시방 가자."

"너 오늘 청소잖아?"

도윤이가 묻자, 건택이는 의기양양하게 말했다.

"오늘을 위해서 돈을 모았지. 청소 면제권 쓸 거야."

건택이는 곧바로 은행원 역할을 맡은 친구에게 향했다.

"나 오늘 청소 면제권 쓸 거야!"

오늘의 은행원은 건택이의 일급을 계산해서 화폐 기입장에 최종 잔액을 적었다.

"돈이 부족해서 안 되겠다."

"엥?"

건택이가 맹한 소리를 내며 화폐 기입장을 들여다보았다. 거기에는 1,649원이라는 금액이 적혀 있었다.

"아냐! 오늘 일한 몫까지 딱 1,700원 모았어!"

"소득세 뗐잖아."

은행원이 수입 항목을 하나씩 짚어 주며 말했다.

"아, 맞다! 소득세!"

일급을 받을 때마다 화폐 기입장을 일일이 확인하지 않고 1인 1역 표에 적힌 금액만 더해서 1,700원을 맞춘 건택이었다. 그 모습을 본 도윤이는 고개를 절레절레 저었다.

"일급 받은 지 한 달이 다 되어 가는데, 그걸 깜박하냐? 청소나 해."

"나 진짜 어떡하지. 오늘 민준이랑 피시방 가기로 했는데!"

머릿속이 하얘진 건택이는 제자리로 돌아가서 머리를 쥐어뜯으며 절규했다. 결국 건택이는 자신을 기다리는 민준이의 구박을 받으며 교실을 청소했다.

건택이는 청소 후에 민준이와 피시방에 갔다가 집에 돌아가는 길에 우연히 준희를 만났다.

"김준희!"

"어, 안녕?"

건택이는 준희의 손을 가리키며 물었다.

"그거 뭐야?"

준희는 손에 든 것을 건택이에게 보여 주며 쑥스럽게 웃었다.

"통장이랑 용돈 기입장."

통장과 용돈 기입장이라는 말을 듣자, 학교에서 소득세를 깜박해서 청소한 것이 불쑥 생각난 건택이는 조금 툴툴거리며 물었다.

"통장?"

"얼마 전에 만들었어. 앞으로 돈 생기면 여기에 넣으려고."

"용돈 기입장은 어디다 쓰게?"

"학교에서 화폐 기입장 적는 것처럼 내 용돈이 어떻게 쓰이는지 용돈 기입장에 적어 보면 좋을 거 같아서 하나 샀어. 너도 해 볼래?"

"어휴, 난 귀찮아."

대충 얼버무린 건택이는 서둘러 인사하고 집으로 돌아왔다. 씻지도 않고 침대에 벌러덩 누워 천장을 바라보고 있자니, 준희의 용돈 기입장이 떠올랐다. 건택이는 잠시 고민하다가 핸드폰을 꺼내서 용돈 기입장 앱을 검색했다. 몇 가지 앱 중에서 디자인이 마음에 드는 것을 골라 다운로드를 눌렀다. 건택이는 앱이 다운로드 되는 것을 보면서 통장도 만들어야 하나 생각했다. 건택이의 돈 고민이 시작되었다.

 3월에 배우는 경제 용어

복권 돈을 내고 표를 사면 추첨을 통해 당첨된 사람들에게 상금을 주는 것을 말합니다. 우리나라에서는 성인만 복권을 살 수 있어요. 복권은 고대 로마 시대에도 있었다고 합니다.

비트코인 디지털 암호 화폐의 한 종류입니다. 인터넷에서 사용할 수 있는, 일종의 돈이죠. '달러'나 '원'처럼 특정한 나라에서 발행한 것이 아니기 때문에 정부의 관리를 받지 않아요. 비트코인도 매분 매초 가격이 변동하는데, 9시에 시작해서 3시 30분에 시장을 닫는 주식과 다르게 24시간 사고팔 수 있답니다.

경제활동 생활에 필요한 돈이나 서비스를 얻기 위해 일하고, 벌어들인 돈을 나누고 쓰는 모든 행위를 말합니다. 사람이 살기 위해서는 먹을 것, 입을 것, 살 곳 등이 필요합니다. 필요한 것을 직접 만들 수도 있지만, 다른 사람에게 살 수도 있지요. 이렇게 필요에 따라 이루어지는 경제와 관련된 모든 행동이 바로 경제활동입니다.

세금 국가나 지방공공단체가 나라를 운영하기 위해 국민에게 거두어들이는 돈을 말합니다. 나라에서 교육, 국방, 의료, 농어촌, 환경, 문화재 등 여러 분야에 필요한 지원을 하기 위해서는 돈이 필요하거든요.

화폐 쉽게 말하자면 '돈'입니다. 물건이나 서비스와 맞바꾸는 수단이죠. 그래서 화폐는 일정한 가치를 저장할 수 있어야 해요. 시간이 흘러도 사용할 수 있도록 쉽게 썩거나 사라지지 않는 것이어야 하죠. 그래서 고대에는 조개껍데기나 소금 등이 화폐로 쓰이기도 했어요. 중세에는 은이나 금이 화폐로 많이 사용되었죠. 현대 사회에서는 쉽게 상하지 않고 가벼운 종이나 금속으로 된 화폐가 사용됩니다.

수입 수입은 돈이나 물품 같은 것을 거두어들이는 것을 말해요. 쉽게 말해, 번 돈을 뜻해요.

지출 지출은 무언가를 위해 돈이나 물품 같은 것을 내주는 것을 말해요. 쉽게 말해, 쓴 돈을 뜻해요.

이직 직장을 옮기거나 직업을 바꾸는 일을 말합니다. 사람들이 이직하는 이유는 다양해요. 월급을 더 받고 싶거나 회사에 적응하지 못해서 직장을 옮기기도 하고, 더 좋아하는 일이나 적성에 맞는 일을 하고 싶어서 직업을 바꾸기도 합니다.

소득세 번 돈에 매기는 세금입니다. 많이 번 사람은 많이 내고, 적게 번 사람은 적게 내죠. 경제적 불균형을 세금으로 조절하는 것입니다. 국가는 이렇게 거두어들인 소득세를 사회 복지 비용으로 씁니다. 소득이 적은 사람의 생활을 지원하여 국민과 국가를 안정시키기 위해서입니다.

상속세 보통 가족 관계에 있는 사람이 죽어서 그 재산이 다른 가족에게 넘어갈 때 매기는 세금입니다. 돈은 스스로 노력해서 벌어야 하는데, 상속받는 재산은 노력 없이 번 것이기 때문에 세금으로 일부를 사회에 돌려줍니다. 그로 인해 부자 부모를 가진 사람과 평범한 부모를 가진 사람 사이의 재산 차이를 줄일 수 있게 하는 것이죠.

부동산세 아주 비싼 부동산을 소유한 사람이 내야 하는 세금입니다. 부동산은 보통 주택, 아파트, 빌라, 공장, 상가 같은 건물이나 땅 등을 말합니다. 이 세금은 한 사람이 너무 많은 부동산을 갖지 못하게 하고, 부동산 가격을 안정시키는 데 도움을 줍니다. 한 개의 비싼 집을 가지고 있는 사람과 비싸지 않은 집 여러 개를 가지고 있는 사람 중, 누구에게 더 많은 세금을 매겨야 하는지에 관해 뜨거운 논쟁이 계속되고 있어요. 여러분이 보기엔 어떤 사람에게 세금을 더 많이 매겨야 하나요?

소비세 돈을 쓸 때 매겨지는 세금입니다. 모든 물건값에는 소비세가 포함되어 있어요. 예를 들어, 편의점에서 사탕 한 개를 사도 그 안에 소비세가 들어 있습니다. 사탕값에 포함된 소비세는 일단 사탕을 판 편의점 사장님의 수익이 됩니다. 그리고 사장님은 1년에 두 번 '부가가치세'라는 이름으로 그 돈을 나라에 돌려줍니다.

3월의 활동

여러분에게 들어오는 돈과 나가는 돈을 기록해 보세요. 이를 통해 돈 쓰는 습관을 확인하고, 어떻게 돈을 모을 수 있는지 고민해 봅시다.

날짜	내용	수입	지출	잔액

3장. 4월의 경제 교실

오늘부터 사장님
(창업)

교실에 가게가 생긴다고?

"경제활동 때문에 교실이 어수선해. 마음에 안 들어."
저녁을 먹으며 윤슬이가 투덜거렸다.
"교실에서 일하고 돈 번다던 거? 엄마는 재밌어 보이던데?"
엄마가 웃으면서 윤슬이를 바라보았다.
"애들이 돈 번다고 1인 1역을 열심히 할 거 같은데?"
이번에는 아빠가 물을 마시며 말했다.
"나는 1인 1역을 다 해 보고 싶지 않았는데, 선생님이 하루에 하나씩 해 보라고 하셔서 어쩔 수 없이 해야 했어. 공부에 방해되지 않는 걸로 하나 골라서 쭉 하고 싶은데…… 매일 새로운 거 하느라 정신없어. 그냥 안 하고 싶다."

윤슬이의 한숨 섞인 말을 들으며 엄마와 아빠는 걱정스러운 표정으로 마주 보았다.

⬠⬠⬠

"오늘로 모든 1인 1역을 한 번씩 하게 되었습니다."

강유재 선생님의 말에 아이들이 서로에게 박수를 보냈다.

"다음 주 월요일부터 하고 싶은 1인 1역에 지원할 수 있습니다. 그리고 1인 1역 외에 창업을 할 수 있게 하겠습니다."

1인 1역을 하지 않을 수 있다는 얘기에 윤슬이의 눈이 반짝 뜨였다.

"창업은 사업을 하는 것을 말해요."

사업이라는 말에 아이들이 웅성거리기 시작했다.

"가게를 차리는 거예요?"

건택이가 웅성거리는 소리를 비집고 큰 소리로 물었다.

"네, 비슷해요. 문구점이나 슈퍼마켓처럼 물건을 팔 수 있어요. 눈에 보이지 않는 서비스를 제공하는 것도 사업이 될 수 있답니다."

"눈에 보이지 않는 걸 어떻게 제공해요?"

준희가 조심스럽게 손을 들고 질문했다.

"서비스를 제공한다는 것은 어떤 일을 해 주거나 도와주는 것을 말해요. 예를 들어, 식당에서 음식을 내어 주는 종업원, 머리를 손질해 주는 미용사, 마음이 힘든 사람을 돕는 심리 상담사, 비행기나 기차 안에서 승객의 편의를 챙기는 승무원, 다른 사람의 안전을 지키는 경호원 모두 서비스를 제공하는 사람들입니다."

"오호, 가게가 없어도 사업을 할 수 있네요!"

도윤이의 말에 강유재 선생님이 고개를 끄덕였다.

"1인 1역을 할 때 소득세를 냈죠? 사업을 할 때도 번 돈에 대해서 소득세를 낸답니다. 사업할 때 내는 세금의 종류가 몇 가지 있는데, 오늘은 그중 두 가지를 살펴봅시다."

강유재 선생님이 띄운 화면에 표가 나타났다.

사업할 때 내는 세금

	부가가치세	종합소득세
세금 내야 하는 사람	세금이 매겨지는 물건을 파는 모든 사업자	모든 사업자
세금 내는 방법	사업자가 직접 소득을 계산해서 세금을 냄.	
세금 내는 대상	물건에 붙은 부가가치	사업자의 모든 소득의 합
세금 비율	(번 돈-사는 데 쓴 돈) ×10%	6~40%
세금 내는 시기	1년에 2번(6월, 12월)	1년에 1번(12월)

"**부가가치세**는 물건을 파는 사장님이 내야 하는 세금입니다. 옷 가게, 문구점, 편의점, 슈퍼마켓에서 파는 물건은 공장에서 직접 사는 것보다 가격이 비쌉니다. 물건을 만들어 운송하는 과정에서 비용이 생기기 때문이죠. 이렇게 원래 물건값에 덧붙은 비용, 즉 부가된 가치로 번 돈의 10퍼센트를 세금으로 내야 합니다."

사업을 할 때도 세금을 내야 한다는 말에 심각해진 아이들이 진지하게 선생님의 설명을 들었다.

"예를 들어서, 문구점 사장님이 100원을 주고 동대문 시장에서 지우개를 샀다고 해 봅시다. 사장님은 그 지우개를 여러분에게 300원에 팔았어요. 200원을 번 거죠? 그럼, 사장님은 부가가치세를 얼마나 내야 할까요?"

윤슬이는 머릿속으로 계산했다. 200원의 10퍼센트는 20원이다.

"20원이요!"

윤슬이의 말에 선생님이 고개를 끄덕였다.

"**종합소득세**는 사업자가 번 돈의 총액에 대해서 내는 세금입니다. 우리나라에서는 보통 1년에 한 번, 5월에 냅니다. 하지만 우리 반에서는 학년 말인 12월에 한 번 내는 것으로 하겠습니다."

강유재 선생님이 화면을 넘기자 새로운 표가 나타났다.

종합소득세 비율

사업 소득(12월까지 번 돈)	세금 비율
18만 원 이하	6%
18만 원 초과 ~ 25만 원 이하	15%
25만 원 초과 ~ 40만 원 이하	24%
40만 원 초과 ~ 70만 원 이하	35%
70만 원 초과	40%

"사업자가 번 돈에 따라 내야 하는 세금의 비율이 바뀝니다. 많이 번 사람은 세금을 더 내야 해요."

"선생님, 사업은 안 하고 1인 1역만 하면 이 세금은 안 내도 되는 거죠?"

사업을 하면 세금이 너무 많이 나갈 것 같아서 걱정인 준희의 질문이었다.

"네, 그렇습니다."

선생님이 웃으면서 답했다.

"사업 계획서를 나눠 줄 테니 사업할 친구들은 작성해서 창업을 준비해 봅시다. 사업 계획서는 어떤 사업을 어떻게 운영하면 좋을지 미리 정리해 보는 서류랍니다. 혹시 창업하려는 사업의 종류가 겹치는 친구들이 있으면 먼저 신청한 사람만 그 사업을 할 수 있게 하겠습니다."

아이들에게 사업 계획서를 나눠 준 강유재 선생님은 다시 말을 이어 갔다.

"그런데 일급으로 받은 학급 화폐로는 동대문 같은 도매 시장에서 물건을 사다가 팔 수 없겠죠? 그래서 물건 파는 사업을 하고 싶은 친구들을 위해 선생님이 도매상의 역할을 할 겁니다. 도매상이란 대량으로 물건을 사 놓고 장사하는 사장님들에게 파는 사람을 말해요. 손님에게 직접 물건을 파는 사장님은 소매상이라고 한답니다. 그러니 여러분은 소매상이 되어 도매상인 선생님에게 학급 화폐로 물건값을 지불하고 사 가면 됩니다."

도윤이는 선생님이 나눠 준 사업 계획서를 들여다보았다.

🌿 사업 계획서 🌿

회사명:

하는 일:

가격:

홍보 방법:

운영 시간:

"실제로 사업을 할 때는 사업자 등록이라는 것을 해야 하지만, 우리는 사업 계획서를 제출하면 창업 신청을 하는 것으로 하겠어요. 1인 1역과 사업을 둘 다 할 수도 있고, 사업만 할 수도 있어요. 사업 계획서는 내일 오전까지 받겠습니다."

아이들은 저마다 생각에 빠졌다. 화면에 떠 있는 종합소득세 비율을 다시 확인하고 사업 계획서를 가방에 넣어 버리는 친구가 있는가 하면, 뭔가를 적어 내려가는 친구도 있었다. 그리고 어느새 사업 계획서를 쓰는 친구들 곁으로 아이들이 삼삼오오 모였다. 교실은 이내 소란스러워졌다.

"게임 레벨 올려드립니다. 이건 어때?"

"넌 게임도 잘 못하면서 무슨 레벨을 올려 준다고 하냐?"

무슨 사업을 할지 떠들어 대는 아이들을 바라보던 건택이는 잠시 고민하더니 무언가를 적기 시작했다. 1인 1역을 그만하고 싶었던 윤슬이는 무슨 사업을 하면 좋을지 골똘히 생각에 잠겼다.

우리 반 사업가들

🌿 사업 계획서 🌿

회사명: 건택청소대행

하는 일: 방과 후 교실 청소 대신해 드립니다.

가격: 500원

홍보 방법: 광고지 만들어서 홍보하기

운영 시간: 평일 종례 끝나고 청소 시간

"청소를 대신해 주는 사업을 할 거예요!"

가장 먼저 사업 계획서를 제출한 사람은 건택이었다. 강유재 선생님은 놀란 표정으로 건택이의 사업 계획서를 받아 들며 물었다.

"청소를 해 주겠다고?"

"할머니께서 남이 하기 싫은 일을 해 주면 돈을 많이 벌 수 있다고 하셨어요. 하기 싫은 일이 뭘까 고민하다가 청소가 생각났어요!"

자신감 넘치는 건택이의 목소리가 윤슬이의 귀로 흘러 들어왔다.

'남이 하기 싫은 일? 청소 말고, 애들이 싫어하는 게 또 뭐가 있을까?'

고민에 빠진 윤슬이의 시야에 문제집이 보였다. 얼른 문제집을 집어서 살펴본 윤슬이는 드디어 사업 계획서를 쓰기 시작했다.

"건택아, 청소는 하루에 여섯 명이 하잖아. 그 여섯 명이 모두 청소를 대신해 달라고 하면 어떡할래?

선생님의 질문에 건택이는 말문이 막혔다. 여섯 명의 몫을 혼자 하려면 시간이 아주 많이 걸릴 것 같았다.

"그 부분을 보완해야겠다. 하루에 선착순 한 명만 신청할 수 있게 하는 건 어떨까?"

건택이가 사업 계획서를 고치러 자리로 돌아가자 이번에는 도윤이가 사업 계획서를 들고나왔다.

🌱 사업 계획서 🌿

회사명: 슬라임라임

하는 일: 슬라임을 판다.

가격: 250원

홍보 방법: 예쁘게 만들어서 쉬는 시간과 점심시간에
친구들에게 보여 준다.

운영 시간: 매일

"선생님, 저는 슬라임 가게를 차릴래요."

"슬라임이라니 인기가 많겠네. 그런데 운영 시간이 매일이구나? 매일 판매할 슬라임을 만들려면 시간이 부족하지 않을까? 판매 시간도 정해 두는 게 좋을 것 같아."

"그럼, 화요일과 목요일 점심시간에만 팔래요."

"슬라임을 만들어서 팔려면 재료가 필요할 것 같은데?"

"물은 살 필요 없고…… 물풀, 천사점토, 리뉴, 베이킹소다, 그리고 반짝이가 필요해요!"

"그럼 선생님이 재료를 준비해 두었다가 도윤이에게 팔아야겠구나."

강유재 선생님은 컴퓨터 앞에 앉아 도윤이가 말한 물품을 검색해 보고 무언가를 작성해서 건넸다.

"도윤아, 이건 슬라임 재료의 가격이란다. 참고해서 슬라임을 얼마에 팔면 좋을지 다시 생각해 보렴."

"물풀 500밀리리터 한 개에 100원, 베이킹소다 100그램에 40원, 반짝이 35그램에 40원, 리뉴 50밀리리터에 100원, 천사점토 한 개에 120원."

도윤이는 종이에 적힌 가격을 하나하나 읽어 보았다. 베이킹소다와 리뉴는 조금씩 필요하기 때문에 한번 사 두면 두고두고 쓸 수 있을 듯했다. 하지만 물풀은 많이 필요하고, 반짝이도 종류별로 있으면 다양한 슬라임을 만들 수 있으니 여러 개를 사야 할 것 같았다.

결국 도윤이는 사업 계획서에 적은 슬라임 가격을 400원으로 수정했다.

"도윤이는 슬라임을 파는 거니까, 나중에 부가가치세를 내야겠구나."

도윤이는 선생님의 말을 듣자마자 고개를 들었다.

"선생님, 그러면 제가 돈을 얼마나 벌었는지 따로 정리해야 해요?"

선생님은 교탁 위에 올려 둔 종이 한 장을 가져왔다.

"도윤아, 물건을 파는 장사를 할 때는 장부를 적어야 해. 장부는 얼마를 벌고, 얼마를 썼는지 적는 책을 말한단다. 장부를 펼치면 이렇게 표처럼 되어 있어."

도윤이는 선생님이 준 종이를 유심히 살펴보았다.

날짜	거래 내용	수입		비고
		금액	부가세	

"거래 내용에는 누가 뭘 사 갔는지를 적으면 될까요?"

"그렇지."

강유재 선생님이 웃으며 대답했다.

"비고? 비고가 뭐예요?"

"비고는 쉽게 말해서, 참고 사항이란다. 추가 설명 같은 거야."

"그럼, 적어도 되고 안 적어도 되겠네요?"

"맞아."

도윤이가 자리로 돌아간 다음 강유재 선생님은 윤슬이에게 다가갔다.

"윤슬이는 어떤 사업을 준비하고 있니?"

윤슬이가 자랑하듯 활동지를 살짝 보여 주었다.

🌿 사업 계획서 🌿

회사명: 수학문제풀이

하는 일: 수학 문제 풀어 드립니다.

가격: 문제당 100원

홍보 방법: 선착순 2명은 무료로 해 준다.
　　　　　무료로 이용한 친구들이 소문내게 한다.

운영 시간: 쉬는 시간, 점심시간

"수학 문제 풀어 드립니다?"

"네, 애들이 수학 문제를 어려워하니까 제가 대신 풀어 주려고요. 그런데 저도 부가가치세를 내야 할까요?"

"교육 분야는 부가가치세를 내지 않아도 돼."

선생님의 말에 윤슬이의 눈이 커졌다.

"우와! 하나도요?"

"학원 강사, 농부, 어부, 의사처럼 부가가치세를 안 내도 되는 업종이 있지. 이러한 영역에서 사업하고 소비하는 것을 주저하지 않도록 국가에서 세금 부담을 덜어 주는 거란다."

"대박! 좋겠다!"

옆에서 민찬이가 부럽다는 듯이 말했다.

"윤슬아, 그런데 문제를 다 풀어 주면 친구들이 스스로 풀 기회가 없어지는 게 아닐까? 풀어 주기 대신 푸는 방법을 가르쳐 주는 사업은 어때? 문제를 잘 푸는 사람은 가르치기도 잘하는 법이거든."

잠자코 선생님의 얘기를 듣던 윤슬이가 대답했다.

"네, 생각해 볼게요."

윤슬이의 머릿속은 복잡해졌다. 가르치는 건 자신이 없었다. 문제를 푸는 건 금방인데, 친구들을 붙잡고 가르치는 건 생각만 해도 부담스러웠다. 하지만 선생님 말이 맞았다. 문제를 대신 풀어 주면 친구들의 실력은 늘지 않을 것이다. 지금도 수학 시간에 선생님 질문에 대답하는 친구가 몇 명 없는데 그마저 사라지고 자신만 남는다면, 그건 더 부담스러웠다.

생각을 거듭하던 윤슬이는 마침내 결심을 굳히고 사업 계획서를 고쳤다.

🌿 사업 계획서 🌿

회사명: 수학문제풀이

하는 일: ~~수학 문제 풀어 드립니다.~~
　　　　수학 문제 가르쳐 드립니다.

가격: 문제당 100원

홍보 방법: 선착순 2명은 무료로 해 준다. 무료로 이용한
　　　　　친구들이 소문내게 한다.

운영 시간: 쉬는 시간, 점심시간

⬠⬠⬠

　다음 날 오후, 학급 게시판에 총 여덟 개의 사업 계획서가 붙었다. 게임 레벨을 올려 준다는 사업은 탈락했는지 보이지 않았다. 강유재 선생님은 통과한 사업 계획서를 쓴 여덟 명의 아이들을 불러서 광고를 만들어 오라고 종이를 나눠 주었다.

　건택이는 큰 글씨로 '단돈 500원에 청소 대신해 드립니다.'라고 쓰고 자신의 이름을 붙인 '건택청소대행'이라는 회사명도 크

게 적었다. 윤슬이는 알록달록하게 광고지를 꾸몄다.

선생님은 완성된 광고지를 교실 뒤쪽 게시판에 붙였다.

"승인된 사업은 다음 주 월요일부터 시작할 수 있습니다. 무슨 사업이 있는지 게시판을 찬찬히 살펴보세요. 이제 1인 1역을 정하겠습니다. 사업가들은 참여할 수도 있고 안 할 수도 있습니다!"

마음에 둔 1인 1역을 얻기 위해 저마다 손을 번쩍 들었다. 어쩔 수 없이 인기가 많은 1인 1역은 가위바위보로 결정했다. 가위바위보를 해서 이긴 준희는 분리수거 관리자가 되었고, 슬라임 사업을 하기로 한 도윤이는 손쉬운 문구 관리 요원을 선택했다. 건택이는 청소 사업을 하면서 겸사겸사할 수 있는 환경미화원을 골랐다. 윤슬이는 1인 1역을 신청하지 않았다. 창업을 하면서 1인 1역을 신청하지 않은 사람은 윤슬이를 포함해 총 세 명이었다.

쉬는 시간이 되자마자 아이들은 너도나도 게시판에 붙은 광고지를 살폈다.

"난 윤슬이한테 수학 문제 물어봐야겠다."

"안마가 100원밖에 안 한다! 난 재민이한테 안마받을래!"

아이들은 설레는 표정으로 다음 주가 오기를 기다렸다.

도윤이는 슬라임을 만들기 위해 선생님에게 재료를 샀다. 슬라임을 작게 만들어서 나누어 담으면 꽤 괜찮은 상품이 될 것 같았다. 도윤이가 가장 자신 있는 슬라임은 우주 슬라임이었다. 도윤이표 우주 슬라임의 특징은 은하수가 떠오르는 반짝이를 가득 넣는 것이다. 화려한 반짝이를 넣으면 별이 반짝반짝 빛나는 손 안의 작은 우주가 만들어졌다.

버는 것만큼 쓰는 것도 중요해

드디어 월요일이 왔다. 아침부터 아이들은 교실 이곳저곳을 부산스럽게 돌아다녔다.

재민이에게 안마를 받으려는 아이들이 줄을 섰다. 하지만 이제 겨우 세 명을 안마한 재민이는 이미 기진맥진했다. 이렇게 열심히 했는데 겨우 300원을 벌었다니 저절로 한숨이 나왔다.

가장 인기가 많은 건 도윤이의 슬라임이었다. 좋은 감촉의 슬라임에 화려한 반짝이가 더해져 친구들의 관심을 순식간에 사로잡았다. 평소 도윤이가 만든 슬라임을 본 적이 있는 친구들에게 '나누어 팔기' 전략이 딱 맞아떨어졌다. 도윤이의 슬라임은 날개 돋친 듯 팔리기 시작했다. 만들어 온 슬라임이 다 팔려서 예약 판매를 걸어 두어야 할 지경이었다.

"도윤아, 내 이름도 적어 줘."

"나도!"

"다음에는 어떤 슬라임 만들 거야? 검은색으로 해 주면 안 돼?"

"숲 슬라임도 해 주면 안 돼?"

예약과 더불어 다음 슬라임에 관한 문의가 빗발쳤다. 도윤이는 눈코 뜰 새 없이 바빴지만, 차곡차곡 채워지는 화폐 기입장을 보며 기분이 날아갈 듯했다. 순식간에 2,800원이 모였다. 가져온 슬라임 일곱 개를 모두 팔고 번 돈이었다. 2,800원이면 1인 1역을 하는 아이들이 한 달 가까이 일해야 벌 수 있는 돈이었다.

건택이는 이리저리 뛰어다니며 친구들의 사업장을 돌아다녔다. 도윤이의 슬라임도 사고 재민이에게 안마도 받으며 실컷 돈을 쓰고 나서는 '건택청소대행'을 홍보하는 것도 잊지 않았다.

"돈 많이 번 애들은 나한테 청소 티켓 사가라, 청소!"

광고 효과가 있었는지 돈을 번 아이들이 하나둘 건택이 곁으로 모였다. 도윤이도 예외는 아니었다.

"청소 티켓 하나는 얼마입니까?"

도윤이가 너스레를 떨었다.

"우리 반 최고 갑부님 아니십니까? 단돈 500원입니다요."

건택이가 도윤이의 말에 장단을 맞추며 굽신거렸다.

"두 장 살게. 이번 주 수요일이랑 다음 주 금요일에 대신 청소해 줘."

드디어 첫 판매가 이루어졌다. 잔뜩 신난 건택이는 더 큰 소리로 외치기 시작했다.

"싸다, 싸! 청소가 단돈 500원. 선생님한테 내면 3,000원, 나한테 내면 500원! 쌉니다, 싸요!"

선생님이 교실로 들어오자, 너도나도 자랑하기 시작했다.

"선생님! 저는 슬라임을 샀어요."

"선생님, 저는 돈을 많이 벌었어요!"

반면에 울상인 아이들도 있었다.

"선생님, 온종일 안마했더니 팔이 너무 아파요."

"선생님, 애들이 비싸다고 안 와서 돈을 하나도 못 벌었어요."

아이들의 환성과 원성을 한꺼번에 듣던 선생님이 말했다.

"자자, 사업은 오늘만 하는 게 아니니까 진정하렴. 앞으로도 아침 등교 시간이나 쉬는 시간, 점심시간에 사업을 할 수 있어요. 하지만 돈을 모으기만 하고 한 번도 쓰지 않는 것은 안 됩니다. 아끼는 건 좋지만, 모으기만 하고 쓰지 않으면 교실 안에서 돈이 순환되지 않아요."

"순환이요?"

하나둘 쌓인 돈을 화폐 기입장에 기록하면서 돈 버는 맛을 톡톡히 알게 된 건택이가 되물었다.

"순환은 돈이 돌고 도는 것을 뜻해요. 예를 들어, 돈을 많이 번 사람들이 하나도 쓰지 않고 은행에 저금해 두기만 하면 어떻게 될까요?"

"사람들이 돈을 안 쓰면 슬라임이 안 팔려요."

도윤이가 대답했다.

"맞아요. 그러면 슬라임을 파는 회사는 돈을 벌기 어렵겠죠? 회사가 어려워지면 어떻게 될까요?"

"회사가 어려워져서 파산하면, 회사에서 일하는 사람들이 월급을 받지 못해요."

윤슬이의 또박또박한 대답이었다.

"그래요. 결국 돈을 하나도 쓰지 않는 것은 경제에 굉장한 악영향을 미친답니다. 돈을 버는 것도 중요하지만 쓰는 것도 매우 중요해요."

강유재 선생님이 덧붙였다.

"그래서 우리 반의 새로운 경제 규칙은 '돈 꼭 써 보기'입니다."

청소 사업의 수입이 생각보다 쏠쏠했던 건택이는 어디에 돈을 쓸지 궁리했다. 안마로 쓴 돈과 슬라임 사는 데 쓴 돈은 이미 안중에 없었다. 건택이에게 중요한 것은 '앞으로 쓸 돈'이었다. 슬라임을 또 사야 할지 고민하는데 '수학 문제 가르쳐 드립니다.'라고 적힌 광고지가 눈에 들어왔다. 가격도 문제당 100원으로 꽤 쌌다. 윤슬이의 잘난 척을 보는 것은 별로였지만, 공부 잘하는 윤슬이에게 도움을 받으면 어려워서 포기했던 수학 문제를 풀 수도 있을 것 같았다. 여기까지 생각한 건택이는 쉬는 시간이 되자마자 거침없이 윤슬이에게 다가갔다.

"나 수학 문제 좀 알려 줘. 여기 100원."

윤슬이의 표정이 환해졌다.

"응, 그래."

기대하지 않은 손님의 등장이 무척 반가웠다. 윤슬이는 아까부터 아무도 관심 주지 않는 자신의 광고지가 창피하던 참이었다.

윤슬이는 건택이가 가져온 수학 문제를 먼저 풀어 본 다음, 건택이에게 차근차근 설명해 주었다. 윤슬이의 설명을 듣던 건택이는 감탄했다.

"와, 너 진짜 수학 잘 가르친다. 너랑 푸니까 이해가 잘되는 것 같아. 나 하나만 더 알려 줘라."

"그래. 원래 한 문제당 100원이지만, 넌 첫 손님이니까 공짜로 해 줄게. 원 플러스 원!"

건택이의 칭찬에 기분이 좋아진 윤슬이가 너스레를 떨었다.

그날 저녁 윤슬이네 가족은 여느 때와 다름없이 식탁에 둘러앉았다. 다만 활기차게 학교 이야기를 하는 윤슬이의 모습만큼은 여느 때와 달랐다. 놀란 부모님은 의아하다는 눈빛을 교환하면서 윤슬이의 이야기에 귀를 기울였다. 윤슬이는 내내 건택이 이야기를 하고 있었다. 결국 궁금증을 참지 못한 엄마가 물었다.

"윤슬아, 건택이가 마음에 안 든다고 하지 않았니?"

"응. 근데 내가 오해를 좀 했던 것 같아. 공부도 안 하고 실없는 소리만 하는 앤 줄 알았는데, 알고 보니까 할 때는 하더라고. 괜찮은 거 같아."

윤슬이가 곧이어 말했다.

"김건택이 시작한 사업은 청소를 대신해 주는 건데, 아주 잘돼. 도윤이랑 벌이가 거의 비슷해. 도윤이가 조금 더 많이 벌기는 하지만, 곧 있으면 건택이가 이길지도 몰라. 걔가 은근히 똑똑한 구석이 있다니까."

"우리 윤슬이가 그렇게 느낀다면 다행이다. 학교생활도 경제 교실도 재미를 붙인 것 같아서 아빠는 보기 좋네."

윤슬이 아빠가 딸을 향해 빙긋 웃으며 말했다.

다음 날 교실에는 두 가지 새로운 알림 사항이 공지되었다. 하나는 바빠진 사업가들을 위한 것이었다. 바로 최저 임금과 해고 등의 내용이 적힌 직원 고용 규칙이었다. 다른 하나는 새롭게 수정된 1인 1역이었다. 사업을 하면서 1인 1역을 그만둔 친구들의 숫자에 따라 수업 종 지킴이와 책 사랑 도우미가 사라지고 칠판 담당이 한 명으로 줄었다. 그리고 일급이 올랐다.

 직원 고용 규칙

1. 사업가가 직원을 고용할 때는 '최저 임금' 이상의 일급을 주어야 합니다.
2. 현재 최저 임금은 250원입니다.
3. 직원을 해고할 때는 최소 2주 전에 미리 말해야 합니다.

우리 반 1인 1역

역할	할 일	일급
게시판 우체부(1명)	게시판 작품 갈아 끼우기	300원
꼼꼼이(4명)	다른 친구들이 1인 1역을 잘했는지 확인하기	500원
화분 담당(1명)	학급 화분에 물 주기	250원
뒷문지기(1명)	① 수업 시간 전에 뒷문 닫기 ② 교실 이동할 때 선풍기, 온풍기, 전등 끄고 뒷문 잠그기	500원
문구 관리 요원(1명)	쉬는 시간에 연필깎이 꺼내 놓기	350원
분리수거 관리자(1명)	분리수거함 비우고 일반 쓰레기 버리기	500원
수합 비서(1명)	학습지, 책 등의 수거와 정리 돕기	300원
가통 우체부(1명)	가정통신문 가져오기	300원
앞문지기(1명)	① 수업 시간 전에 앞문 닫기 ② 교실 이동할 때 선풍기, 온풍기, 전등 끄고 앞문 잠그기	400원
우산 관리자(1명)	우산함 관리하기	300원
은행원(4명)	1인 1역을 잘 수행했는지 확인해서 일당 주기	700원
의사(1명)	아침마다 창문을 열어 교실 환기하고, 작은 상처에 반창고 붙여 주기	500원
청소 반장(1명)	점심 먹기 전에 청소 검사하기	400원
칠판 담당(1명)	쉬는 시간마다 칠판 청소하기	600원
환경미화원(1명)	청소 도구함 정리하기	300원

4월에 배우는 경제 용어

창업 사업을 처음으로 시작하는 것을 말합니다. 물건을 파는 가게를 열 수도 있고, 서비스를 제공하는 일을 할 수도 있어요.

서비스 재화를 운반하고 나누거나, 무언가를 생산하고 소비할 때 필요한 노동력을 제공하는 일을 말합니다. 간단히 말해서, 사람들이 하고 싶어 하는 일을 도와주거나 어려워하는 일을 대신 해 주는 것을 서비스라고 합니다. 벌레를 대신 잡아 주는 것, 에어컨을 설치해 주는 것, 아픈 사람을 치료해 주는 것, 여행 일정을 대신 짜 주는 것 모두 서비스입니다.

부가가치세 말 그대로 부가되는 가치, 즉 덧붙는 가치에 관한 세금입니다. 밀을 재배해서 밀가루를 만들고, 밀가루로 다시 빵을 만들면 처음 밀이었을 때보다 가치가 올라갑니다. 이처럼 불어난 가치에 세금을 매기는 것입니다. 부가가치세는 보통 '(번 돈 - 사는 데 쓴 돈) × 10퍼센트'로 계산합니다. 예를 들어 슈퍼마켓 사장님이 50만 원어치의 라면을 산 다음, 그 라면을 팔아서 80만 원을 벌었다고 해 봅시다. 라면으로 번 돈 80만 원에서 라면 사는 데 쓴 돈 50만 원을 빼면 30만 원입니다. 그러면 30만 원의 10퍼센트인 3만 원을 부가가치세로 내야 합니다. 부가가치세는 1년에 2~4번 정도 낸답니다.

종합소득세 돈을 벌었을 때 내는 세금입니다. 일해서 번 돈, 집을 빌려주고 받은 돈, 적금이나 예금 이자로 들어온 돈 등 모든 수입에 따라옵니다. 많이 벌수록 많이 내야 해요.

사업 계획서 어떤 사업을 어떻게 운영할지 계획을 세울 때 쓰는 서류입니다. 누구에게 무엇을 팔 것인지 정하고, 예상되는 문제점과 해결 방안 등을 정리하면서 사업을 정말 운영할 수 있는지 판단하기 위해 작성한답니다.

도매상 도매는 물건을 낱개로 팔지 않고 뭉텅이로 파는 것을 말해요. 그리고 이렇게 도매로 장사하는 사람을 도매상이라고 합니다. 뭉텅이로 파는 대신 낱개로 파는 것보다 싸게 판매합니다. 보통 소비자가 아닌 소매상을 대상으로 물건을 팔아요.

소매상 소매는 생산자나 도매상에게 물건을 사 와서 낱개로 파는 것을 말해요. 그리고 이렇게 소매로 장사하는 사람을 소매상이라고 합니다. 생산자나 도매상에게 물건을 산 다음 가격을 덧붙여 파는 과정에서 부가가치세가 생겨납니다. 보통 소비자에게 직접 물건을 팔아요.

사업자 등록 사업을 하려면 세무서에 사업자로 등록해야 해요. 사업자라면 누구나 등록해야 하며, 사업자 등록 신청을 하면 사업자 등록 번호가 생긴답니다. 세무서에 가서 신청할 수도 있고, 국세청 '홈택스' 사이트나 국세청 앱 '손택스'에서 신청할 수도 있습니다.

파산 재산을 모두 잃어버린 상태를 말합니다. 빌린 돈을 갚을 때가 되었지만, 전 재산으로도 빌린 돈을 갚을 수 없으면 파산 신청을 할 수 있습니다. 파산한 사람은 더 이상 은행에서 돈을 빌릴 수 없고, 공무원이나 변호사 같은 일부 직업을 가질 수 없습니다.

최저 임금 회사나 가게 등에 고용되어 일하는 사람에게 주어야 하는 최소한의 돈을 말합니다. 사람을 고용할 때는 최저 임금 아래로 돈을 주어서는 안 됩니다. 최저 임금은 매년 협의를 통해 정해지며, 보통 해마다 조금씩 오릅니다.

해고 회사에서 직원을 내보내는 것을 말해요. 직원 스스로 그만두는 것이 아니라, 회사에서 일방적으로 직원을 내보낼 때 해고라고 합니다. 하지만 아무 이유 없이 직원을 해고할 수는 없어요. 직원이 큰 잘못을 했거나 회사가 어려워져서 어쩔 수 없이 직원 수를 줄여야 할 때 등등 특별한 이유가 있어야 해고를 할 수 있습니다.

4월의 활동

여러분은 사장님이 된 자신의 모습을 상상해 본 적이 있나요? 혹시 사장님이 된다면 어떤 사업을 운영해 보고 싶은지, 나만의 사업 계획서를 써 보세요.

사업 계획서

회사명:

하는 일:

가격:

홍보 방법:

운영 시간:

4장. 5월의 경제 교실

투자는 나쁜 게 아니야

(저축과 투자)

주식은 좋은 걸까, 나쁜 걸까?

몇 년 전, 주식으로 떼돈을 벌었다는 이야기가 여기저기서 들려왔다. 그중 한 명이 바로 준희의 이모였다. 하루는 이모가 준희네 집에 놀러 왔다. 맛있는 것을 양손 가득 들고 온 이모는 그날따라 유난히 표정이 밝았다. 이모는 준희에게 용돈도 자그마치 5만 원이나 줬다. 준희와 엄마는 이모에게 무슨 좋은 일이 생겼을까 궁금했다.

"무슨 좋은 일 있어? 입이 귀에 걸렸네."

엄마가 은근하게 물었다.

"얼마 전에 샀던 주식이 대박이 나서 돈이 세 배가 됐어!"

"정말?"

"정말로요?"

엄마와 준희는 동시에 벌떡 일어섰다.

"지금은 어떤 주식을 사도 오를 거야. 주식 가격이 오르는 상승 시장이거든. 언니도 빨리 시작해."

준희의 부모님은 주식으로 돈을 버는 사람이 많다는 건 알았지만, 가까운 사람이 큰돈을 벌었다는 사실에 크게 놀랐다. 부모님은 바로 우리나라에서 가장 유명한 대기업의 주식을 덥석 샀다. 정말 오를지 두려웠지만, 다음 날이 되자 이모의 말처럼 가격이 올랐다. 그다음 날에도, 또 그다음 날에도 주식은 계속해서 올랐다.

"그래! 백날 절약해서 저축해 봤자 소용없어. 돈이 돈을 벌게 해야 한다고!"

부모님은 의기양양했다. 이렇게 쉽게 돈을 벌다니, 금방 부자가 될 수 있을 것 같았다. 자신감이 생긴 준희의 부모님은 돈을 빌려서까지 주식 투자를 하기 시작했다.

"준희야, 먹고 싶은 거 있으면 언제든지 엄마한테 말해!"

부모님은 사이가 더욱 좋아졌고, 준희는 행복한 부모님의 모습을 보는 게 즐거웠다. 그러나 행복도 잠시, 계속 오르기만 할 것 같던 주식 시장은 해가 바뀌자 점점 하락했다. 사이좋던 부모님은 대화가 적어졌고, 서로를 원망하기 시작했다.

"당신이 그때 빚내서 주식 하자고 해서 이렇게 됐어. 돈 벌었을 때 멈추자고 했잖아!"

"당신도 그러자고 해 놓고 갑자기 왜 그래!"

매일 이런 대화가 오갔다. 준희의 피해도 막심했다. 매주 금요일 밤마다 받던 용돈은 2주에 한 번, 3주에 한 번으로 주기가 길어졌다. 용돈 받는 날이 돌아와도 돈을 달라고 말하기가 눈치 보였다. 준희는 이다음에 어른이 되어도 절대로 주식 투자를 하지 않겠다고 다짐했다.

⭐⭐⭐

6학년 1반 아이들은 요즘 1인 1역에 열심이었다. 뺀질거리던 도윤이와 건택이도 학급 화폐를 벌기 위해 매일 성실하게 맡은 일을 해냈다. 다들 일급이 올라서 싱글벙글했다. 하지만 갑자기 교실의 물가⭐가 올랐다.

지출 목록

내용	금액
급식 우선권(하루에 최대 3명까지 사용 가능)	7,000원
필기도구 1개 구매	3,500원
아침 음악 선택권(1곡당)	1,050원
청소 면제권(일주일에 1명만 구매 가능)	10,500원
선생님과 영화관 나들이	70,000원

아이들의 원성이 자자했지만, 강유재 선생님은 단호하게 말했다.

"3월에는 3,000원을 모은 친구가 거의 없었죠. 그럼, 지금은 어떨까요? 3,000원 이상 모은 친구 손들어 보세요."

대부분 손을 들었다.

"3월에 3,000원은 모으기 힘든 돈이었지만 지금은 아니에요. 시간이 지나면서 교실에 발행된 돈이 많아졌기 때문에 가치가 떨어진 것이죠. 이렇게 돈의 가치가 떨어지는 것을 인플레이션 이라고 해요."

아이들은 인플레이션 때문에 물가가 올랐다며 툴툴거렸다. 노는 시간까지 줄여 가면서 돈을 벌고 있지만, 언제쯤 선생님과 영화관 나들이를 갈 수 있을지 막막했다.

방과 후 도윤이, 준희, 윤슬이, 건택이는 학교를 빠져나와 공원으로 향했다.

공원 벤치에 걸터앉으며 도윤이가 중얼거렸다.

"물가가 이렇게 오르면 어떻게 부자가 되냐."

"그러게."

준희가 도윤이 옆에 앉으며 고개를 끄덕였다. 윤슬이와 건택이는 벤치 앞에 서서 조용히 생각에 잠겼다.

"투자를 하면 되지."

"아, 깜짝이야! 저번에도 여기 계시더니, 오늘도 계시네요?"

소스라치게 놀란 도윤이를 따라 아이들 모두 옆을 돌아보았다. 옆 벤치에 선글라스를 쓴 할아버지가 앉아 있었다. 할아버지는 선글라스를 슬쩍 내리고 아이들을 바라보며 말했다.

"어휴, 귀청 떨어지겠네. 이 공원은 내가 예전부터 산책하던 곳이지. 엄밀히 따지자면 너희보다 내가 먼저 여기 있었단다."

"죄송해요. 계신지 몰랐어요."

윤슬이가 예의 바르게 말했다.

"물가 걱정을 하는 걸 보니, 아직도 부자가 되기 위해 고민 중인 것 같구나."

"그럼요! 참, 저희가 쓴 화폐 기입장 보실래요?"

준희의 말에 아이들은 각자 화폐 기입장을 꺼내 할아버지에게 보여 주며 지금까지 교실에서 했던 경제활동을 자랑스럽게 이야기했다.

"오호, 재밌는 수업을 하는구나. 그런데 뭐가 고민이니?"

"저는 빨리 돈을 모으고 싶어요. 그런데 교실 물가가 올랐어요. 돈 벌기는 어려운데, 돈 쓰기는 쉬운 거 같아요."

도윤이가 불만 섞인 목소리로 말했다.

"사업을 더 열심히 해서 돈을 벌면 되지. 뭐가 문제냐?"

"친구들과 놀 시간도 필요하단 말이에요! 놀고 있을 때도 돈이 알아서 들어오면 좋을 텐데, 그런 방법은 없겠죠?"

"한심하다, 한심해. 그런 방법이 있겠니?"

윤슬이가 고개를 절레절레 흔들었다.

"방법이 없는 건 아니란다. 할아버지는 지금 너희랑 이렇게 이야기하는 중에도 돈을 벌고 있거든."

"네?"

아이들의 눈이 휘둥그레졌다.

"할아버지, 제발 그 방법 좀 알려 주세요!"

도윤이가 애절한 눈빛으로 말했다.

"투자로 돈을 벌기 때문이란다. 주식이 뭔지 아니?"

주식이라는 단어를 듣자마자 준희의 표정이 굳었다. 주식이라면 지긋지긋했다. 아이들이 할아버지의 말에 귀를 기울이는 동안에도 준희는 핸드폰만 들여다보았다.

"주식 알죠. ○○기업, △△전자! 그런 회사들이랑 관련 있는 거잖아요. 엄마랑 아빠가 이야기하는 거 들었어요."

윤슬이가 똑 부러지게 말했다.

"그래. 투자에는 여러 종류가 있는데, 그중 한 가지가 주식 투자란다. 지금도 이 순간에도 할아버지가 산 주식 가격은 계속 바뀌고 있지."

"하지만 저희 부모님은 주식 때문에 매일 싸운다고요!"

준희가 핸드폰을 가방에 넣으며 자기도 모르게 큰 소리로 외쳤다.

"우리 언니는 요즘 주식으로 돈 벌었다고 맛있는 것도 많이 사 주는데? 그래서 언니랑 사이가 엄청나게 좋아졌어."

도윤이가 끼어들었다.

"주식 가격이 계속 바뀌기 때문에 올라가기도 하고 내려가기도 하는 거란다. 돈 버는 방법 중 저축과 투자의 차이점이 뭔지는 아니?"

아이들 모두 고개를 저었다.

"은행에 돈을 저축하면 이자를 받을 수 있지. 그리고 저축은 크게 적금과 예금으로 구별된단다. 적금은 정해진 기간 동안 매주 혹은 매달 은행에 주기적으로 돈을 넣고, 기간이 다 되면 그동안 저축한 돈과 이자를 받지. 반면에 예금은 보통 자유롭게 은행에 돈을 맡기고 일정 기간이 지나면 이자를 받는 것을 말해."

할아버지의 설명을 듣던 윤슬이는 익숙한 단어에 눈을 반짝였다.

"엄마가 설날에 받은 제 세뱃돈을 모아서 은행에 적금을 넣는다고 하셨어요!"

윤슬이의 말에 다른 아이들도 각자 세뱃돈을 어떻게 했는지 떠올렸다. 도윤이와 건택이는 겨울방학 내내 피시방에 가서 신나게 써 버렸다. 준희는 엄마에게 맡겼는데, 그 이후로 어떻게 되었는지는 알지 못했다.

"그래, 적은 돈을 큰돈으로 만들려면 차곡차곡 모으는 적금이 좋은 방법이지. 예금과 적금 모두 원래 낸 돈을 잃지 않는다는 장점이 있지만, 이자가 보통 3~5퍼센트 정도로 많지 않단다. 1년 동안 매달 10만 원씩 모으면, 1년 뒤에 세금 떼고 1만 5,000원 정도의 이자를 받을 수 있지."

"1년 동안 매달 10만 원을 저축하면 120만 원이나 모은 건데, 이자가 고작 1만 5,000원이라니 너무 적어요! 세금까지 떼고……."

도윤이의 말에 아이들은 울상을 지었다.

"소득이 생기는 모든 곳에는 세금이 따라온단다."

할아버지의 설명에 윤슬이가 두 손바닥을 마주치며 말했다.

"아, 소득세군요!"

"그렇단다. 은행에 저축하면 이자는 많지 않지만, 돈을 잃어버릴 일이 없어서 안전하지. 특히 너희처럼 가진 돈이 많지 않은 어린이들은 저축으로 돈을 모아야 다음 단계로 넘어갈 수 있단다."

"다음 단계요?"

도윤이가 침을 꼴깍 삼키며 눈을 빛냈다.

"그래, 바로 투자라는 것이지. 돈을 은행이 아니라 기업이나 국가, 건물, 땅에 내고 거기서 얻어지는 이익을 갖는 거란다. 투자를 잘하면 저축 이자와는 비교할 수 없이 큰돈을 벌 수 있지. 하지만 원래 낸 돈을 잃을 수도 있고, 생각했던 것보다 이익이 적을 수도 있단다."

"주식처럼요?"

준희가 다급하게 물었다.

"맞아. 기업에 투자하면 주식 투자, 건물이나 땅에 투자하면 부동산 투자란다. 어떻게 투자하느냐에 따라 돈을 벌 수도 있지만, 투자한 돈까지 모두 잃을 수도 있지. 돈을 잃었다고 해서 누군가가 보장해 주지도 않아. 하지만 투자는 필요하단다."

"왜요?"

의아한 얼굴로 준희가 질문했다.

"너희 짜장면 좋아하니?"

아이들은 할아버지의 엉뚱한 질문에 얼떨떨해하면서도 모두 세차게 고개를 끄덕였다.

"2000년도엔 짜장면이 2,500원 정도였어. 할아버지가 학생이었던 1970년도에는 100원이었지."

"네? 요즘 100원으로는 아무것도 못 사요."

깜짝 놀란 윤슬이가 말했다.

"짜장면 가격이 이렇게 오르는 이유는 그만큼 돈의 가치가 떨어졌기 때문이란다. 지금 100원과 1970년대 100원의 가치는 아주 다르지. '물가가 올랐다.'라는 말 들어 본 적 있지? 짜장면뿐만이 아니란다. 돈의 가치가 떨어지면 물건 가격은 대부분 올라. 가치가 떨어진 돈으로 물건을 얻으려면 돈을 훨씬 더 많이 내야 하지."

"돈의 가치는 왜 떨어지는 거예요? 돈 버는 일이 얼마나 힘든데……."

답답함을 참지 못한 준희가 끼어들었다.

"뭐든 그 수가 많아지면 가치가 떨어진단다. 희귀하지 않고 흔해져 버렸기 때문이지."

할아버지의 설명을 들은 도윤이가 잠시 고민하더니 입을 열었다.

"그럼, 세상에 돈이 많아지고 있나요?"

"지금도 계속 늘어나는 중이지. 경제 활동이 활발하게 일어나면 돈이 널리 쓰이지 않겠니? 경제가 점점 성장할수

록 세상에 돈은 더 늘어나고, 돈이 많아질수록 물가는 올라간단다. 예전에는 100원이면 샀던 걸 지금은 500원을 주고 사야 하지. 그래서 저축이나 투자를 해야 해. 사람들은 자기가 가진 돈의 가치를 유지하기 위해서 은행에 저축해 이자를 받고, 주식 투자를 해서 돈을 불려 나가는 거란다."

도윤이는 교실에서 일어난 갑작스러운 물가 상승이 실제 세상에서도 벌어지는 일이라는 것을 깨달았다. 준희는 할아버지의 말처럼 투자가 필요한 것이라는 생각이 들어서 마음이 복잡해졌다.

"주식 투자는 아무나 할 수 있어요?"

건택이가 성급하게 물었다.

"누구나 할 수 있지. 하지만 무턱대고 투자하기 전에 주식에 관해 충분히 공부해야 한단다. 주식을 샀다가 돈을 잃은 사람 중에는 남의 말만 듣고 투자했다가 실패한 경우가 많지. 주식이 구체적으로 뭐라고 알고 있니?"

할아버지의 질문에 아이들이 조용해졌다. 무슨 회사의 주식이 올랐다거나 내렸다는 이야기는 들어 봤지만, 주식에 관해 설명할 자신은 없었다.

"회사를 운영하려면 돈이 많이 든단다. 규모가 크고 직원이 많은 회사는 더욱 그렇겠지? 그래서 사람들에게 투자를 받아서 돈을 마련하려고 주식이라는 것을 팔지. 이런 회사를 **주식회사**라고 한단다. '기업에 투자하면 주식 투자'라고 했던 말 기억하니? 어떤 기업의 주식을 산다는 건 그 기업을 운영할 수 있는 돈을 제공한다는 뜻이지."

"주식 투자를 하면 투자한 회사에서 돈을 주는 건가요?"

윤슬이가 아이들 모두 궁금해하던 질문을 던졌다.

"주식은 투자를 받기 위해 파는 회사의 일부라고 할 수 있지. 주식을 산 만큼 회사의 일부를 소유하게 되는 거란다. 그래서 회사가 잘 운영되어야 주식에 투자한 사람이 돈을 벌 수 있단다. 회사가 돈을 벌면 주식 가격이 올라가고, 회사가 돈을 벌지 못하면 주식 가격이 떨어지거든. 주식 가격이 샀을 때보다 오르면 팔아서 돈을 벌 수 있단다."

할아버지는 핸드폰을 켜서 주식이 오르락내리락하는 표를 보여 주었다.

"그럼 주식 가격은 회사의 능력에 따라 올라가고 내려가는 거예요?"

준희가 눈을 빛내며 물었다.

"보통은 그렇지. 하지만 주식 가격에 영향을 주는 건 회사의 능력뿐만이 아니란다. 주식은 아주 다양한 이유로 오

르거나 내린단다. 주식도 물건처럼 사려는 사람이 많으면 가격이 올라가고, 사려는 사람이 적으면 가격이 내려가거든. 예를 들어서 예금 이자가 높아지면 사람들은 투자보다는 저축을 하려고 하겠지. 그러면 주식을 사려는 사람이 줄어서 가격이 떨어질 수 있단다."

"아, 알 것 같았는데…… 주식 가격이 변하는 이유가 여러 가지라니 다시 복잡해졌어요."

건택이가 머리를 쥐어뜯으며 괴로워했다.

"미래에 전망이 좋은 회사라고 알려지면 주식 가격이 오를 수 있단다. 코로나 바이러스가 유행했을 때는 집에서 게임을 하면서 시간을 보내는 사람이 많아져서 게임 회사 주식이 많이 올랐지."

혼란스러워하면서도 눈을 빛내며 경청하는 아이들을 보며 할아버지가 말을 이었다.

"반면에 여행을 떠나는 사람이 줄어서 여행 회사들은 돈을 많이 벌지 못했고 주식 가격도 내려갔지. 이 외에도 우리나라 주식 시장은 미국, 유럽 등 다른 나라 주식 시장의 영향을 받기도 한단다. 정부가 어떤 정책을 내느냐에 영향을 받기도 하고 말이지. 정부가 친환경을 강조하는 정책을 발표하면, 상대적으로 대기 오염이 적은 전기차 관련 산업 주가가 오르기도 한단다."

선글라스 할아버지는 아이들을 골고루 바라보며 말했다.

"그래서 주식을 살 때는 그 회사가 어떤 기술을 가지고 있고, 앞으로 어떻게 될 것인지, 회사와 관련된 나라의 정책은 어떤지, 미래에 이 회사가 잘 될지, 경쟁 회사는 없는지 공부해야 해. 그래야 좋은 주식을 가릴 수 있단다."

"주식으로 돈을 잃을 수도 있잖아요. 수학 문제처럼 정답이 있는 것도 아니고, 저축처럼 돈이 보장되는 것도 아니라서 너무 위험한 거 같아요."

걱정 가득한 표정의 윤슬이가 말했다.

"그렇지. 하지만 투자 없이 부자가 된 사람은 거의 없을 거야. 주식에 관해 공부하는 초보자들은 보통 한 회사의 주식을 사는 것보다는 ETF를 사는 걸 추천한단다."

"ETF요?"

아이들이 동시에 물었다.

"자, 궁금한 녀석들은 가서 공부해 보거라."

다시 선글라스를 멋들어지게 쓴 할아버지는 숙제 같은 한마디를 남기고 공원을 떠났다.

부자가 될 수 있는 또 하나의 방법

집으로 돌아온 도윤이는 컴퓨터를 켜고 선글라스 할아버지가 말한 ETF를 검색했다. 하지만 설명이 어려워서 쉽게 이해되지 않았다. 도윤이는 멍하니 컴퓨터 모니터를 바라보았다. 그때 언니가 다가왔다.

"도윤아, 왜 그래?"

"언니도 ETF 해?"

"학교에서 이런 것도 배우니?"

"언니는 주식으로 돈 많이 벌었어? 투자하기 전에 어떤 걸 공부했어?"

도윤이의 말을 듣던 언니는 말없이 책꽂이로 가서 공책 하나를 집어 들었다. 공책 표지에는 '주식 노트'라고 적혀 있었다. 언니는 공책을 열어 안을 보여 주었다.

"와, 이게 뭐야?"

공책 안에는 여러 회사에 대한 정보가 빼곡하게 적혀 있었다. 실적, 매출 같은 낯선 단어 사이로 ○○기업, △△전자, ◇◇게임, ☆☆항공 같은 도윤이가 아는 회사의 이름들이 보였다.

"나는 주식을 사기 전에 그 회사에 대한 정보를 다 정리해. 특히 매력적인 주식은 저평가된 회사의 주식이야. 전망이 아주 밝지만, 아직 사람들 눈에 띄지 않아서 주식 가격이 낮은 회사를 찾는 거야. 여러 정보를 종합해서 사기 때문에 내가 산 주식에 확신이 있어. 주식 가격이 오르락내리락하더라도 인내심을 갖고 오랜 시간 동안 투자하다 보면 언젠가는 오를 거라는 믿음이 있지."

"저평가된 회사를 어떻게 찾아?"

"**재무제표**라고 하는 회사의 성적표를 보는 거지."

언니가 핸드폰에서 **증권회사** 앱을 켰다. 이내 도윤이의 눈앞에 숫자와 영어가 적힌 표가 나타났다.

"보통 주식이나 ETF는 은행이 아니라 증권회사에서 살 수 있어. 증권회사 앱에 들어가서 주식을 거래할 수 있는 통장을 만들고, 주식을 사고파는 거지. 증권회사 앱이나 사이트에 들어가면 회사의 재무제표를 볼 수 있어. **매출 총이익**이나 영업 이익 같은 걸 보면 회사 운영을 잘해서 돈을 벌었는지 확인할 수 있어."

도윤이는 머릿속이 복잡했다. 부자가 될 수 있는 좋은 방법을 알게 된 것 같긴 한데, 당장 뭘 해야 할지 몰라서 혼란스러웠다. 교실에서도 저축이나 창업 말고 주식 투자로도 돈을 벌 수 있으면 좋겠다는 생각이 들었다. 도윤이는 공책을 꺼내 들었다.

<우리 반에서 돈 버는 방법>

1. 저축: 시간이 지나면 차곡차곡 돈이 쌓이지만, '오랜 시간'과 '인내심' 필요!
2. 창업: 나의 아이템이 대박 나면 돈을 많이 벌 수 있지만, 물건을 만들고 파는 데 시간을 써야 한다. 나의 자유 시간이 줄어든다는 큰 단점!

만약 주식 시장이 우리 반에 생긴다면?
→ 내가 투자한 돈이 새로운 돈을 벌 수 있다!

공책에 내용을 정리한 도윤이는 준희에게 전화를 걸어서 언니가 해 준 말을 전하며 주식에 관한 이야기를 나누었다.

"우리 부모님은 회사에 관한 공부 없이 다른 사람 말만 듣고 주식을 사서 손해를 본 거 같아."

준희가 속상한 목소리로 말했다.

"가까운 사람이 주식으로 큰돈을 벌었다는 말을 들으면 그럴 수도 있을 것 같아. 부모님께 오늘 알게 된 걸 말씀드려 보면 어때? 주식은 꼭 공부한 다음에 시작해야 한다고!"

"내 얘기를 들으실까?"

"한번 해 봐!"

"그래, 말씀드려 봐야겠어."

"힘내!"

준희에게 한 번 더 응원의 말을 덧붙인 도윤이는 전화를 끊고 공책에 한 줄을 더 추가했다.

<우리 반에서 돈 버는 방법>

1. 저축: 시간이 지나면 차곡차곡 돈이 쌓이지만, '오랜 시간'과 '인내심' 필요!

2. 창업: 나의 아이템이 대박 나면 돈을 많이 벌 수 있지만, 물건을 만들고 파는 데 시간을 써야 한다. 나의 자유 시간이 줄어든다는 큰 단점!

만약 주식 시장이 우리 반에 생긴다면?
→ 내가 투자한 돈이 새로운 돈을 벌 수 있다!
→ <u>내가 놀고 있을 때도 돈이 돈을 벌 수 있다!</u>

교실에 생긴 투자 시장

"선생님! 우리 반에서도 주식 투자를 했으면 좋겠어요."

아침 퀴즈를 채점하던 강유재 선생님은 오늘 아침 도윤이가 했던 말을 떠올렸다. 주식에 관해 알고 싶어 하는 모습이 기특했다.

6학년 1반 아이들은 매일 아침 간단한 퀴즈를 풀었다. 강유재 선생님은 전날 수업 시간에 가르쳤던 내용 위주로, 가끔은 전에 배운 내용을 추가해서 열 문제를 만들었다. 처음에 아이들은 시험이라는 생각에 복습까지 하면서 열심히 문제를 풀었다. 하지만 시간이 지나면서 아침 퀴즈 풀기에 점점 익숙해지자 점수는 뚝뚝 떨어졌다. 선생님은 '이거다!' 싶었다.

'퀴즈를 투자와 연관 지어 볼까? 퀴즈 성적을 주식처럼 투자 상품으로 만들어 보는 거야!'

강유재 선생님은 6학년 1반의 투자 시장 운영 방법을 정리하기 시작했다.

우리 반 투자 시장

- 투자 상품은 아침 퀴즈 성적
  주식 가격처럼 오르락내리락하는 아침 퀴즈 성적을 투자 상품으로 구성
- 평균 성적을 기준으로 하며, 1점 = 1퍼센트
  오늘 우리 반 24명의 평균 퀴즈 성적은 80점
- 학급 화폐 1,000원 단위로 살 수 있다.
  1,000원에 한 장씩 쿠폰 형태로 만들어서 아이들이 살 수 있도록 한다.
- 매일 거래 가능
  매일 투자하거나 팔거나, 아무것도 하지 않을 수 있다.
- 간단한 정보 제공
  아이들이 퀴즈 점수의 상승과 하락을 예측할 수 있게 전날 퀴즈 범위와 난이도를 공지한다.

- 변수

  정보에 따라 성적이 오를 수도 있지만, 정보와 다르게 성적이 내려갈 수도 있다. 여러 가지 변수가 있기 때문이다. 주식 투자에서도 회사의 실적이 좋으면 주식이 오르기도 하지만, 주어진 정보와 다르게 여러 변수에 의해 사업이 잘되어도 주식 가격이 떨어질 수도 있다. 퀴즈 투자 상품을 통해 이 점을 익힐 수 있다.

- 진행 기간: 3주

  3주 동안 아이들이 투자가 무엇인지 익힐 수 있게 한다. 3주 후인 5월 마지막 주에는 뉴스 기사 등의 정보를 분석한 다음 실제 주식 가격이 어떻게 변하는지 예측하는 활동을 한다. 아이들의 반응과 참여도에 따라 추후 투자 종목을 변경하거나 연장해서 진행할 수 있다.

"이제부터 우리 반에 투자 시장이 열립니다."

강유재 선생님의 한마디에 아이들이 웅성거리기 시작했다. 그 틈에서 도윤이는 두근거리는 마음으로 선생님의 다음 말을 기다렸다.

"여러분 주식이 뭔지 알고 있나요?"

"기업에 투자하는 거예요! 그래서 투자한 기업이 돈을 벌면 투자한 사람도 돈을 벌 수 있어요."

자신 있게 손을 든 윤슬이가 얼마 전 공원에서 선글라스 할아버지에게 배운 대로 발표했다.

"윤슬이가 잘 설명해 줬어요. 주식은 가장 대표적인 투자 상품이에요. 투자는 이익을 얻기 위해 어떤 물건을 사거나 사업에 **자본**을 대는 것을 말해요. 집이나 금, 미술 작품 같은 물건도 투자의 대상이 될 수 있죠. 사업에 자본을 대는 것은 주식 투자고요. 이렇게 투자를 하면 돈을 더 빠르게 모을 수 있어요. 단, 돈을 잃을 수도 있죠. 위험이 따르지만 많은 사람이 투자를 합니다. 그래서 우리도 투자가 무엇인지 직접 체험해 볼 거예요."

"무엇에 투자해요?"

건택이가 당차게 물었다.

"우리 반 투자 상품은 아침 퀴즈 성적입니다! 여러분의 오늘 아침 퀴즈 성적 평균은 80점이었습니다. 만약 내일 평균이 1점 오르면 투자 상품의 가격도 1퍼센트만큼 오릅니다. 여러분은 1,000원 단위로 투자를 할 수 있어요. 내일 평균 성적이 오를 거라고 예상하는 친구들은 원하는 만큼 학급 화폐를 투자하세요. 성적이 1점 오르면 1,000원을 투자한 친구는 1,000원의 1퍼센트인 10원의 수익이 생깁니다. 더 많은 돈을 투자한다면 더 크게 벌겠죠?"

"반대로 성적이 2점 내려가면 20원을 잃겠네요?"

준희가 어두운 얼굴로 질문했다.

"맞아요. 모두 이해했나요? 그런데 아무런 정보 없이 주식을 사서 돈을 잃거나 버는 건 투자가 아니에요. 그건 투기라고 불러요. 투기는 투자 상품에 관한 공부 없이 행운만 바라면서 사는 것을 말해요. 운이 좋으면 돈을 벌고 운이 나쁘면 돈을 잃는다면, 투자할 때마다 마음을 졸여야겠죠? 이건 바람직한 투자가 아닙니다. 정보를 분석해서 예측할 수 있는 투자를 해야 해요. 그래서 우리 교실에서는 매일 투자 상품에 관한 정보를 제공할 겁니다. 내일의 정보는 오늘 수업이 끝나기 전에 안내하겠습니다."

아이들은 궁금하다며 아우성을 쳤지만, 강유재 선생님은 웃으며 수업을 시작했다. 오늘따라 아이들은 더 열심히 수업에 참여했다. 옆자리의 친구가 집중하지 못하면 주의를 주고, 쉬는 시간에는 서로 모르는 문제를 가르쳐 주기도 했다.

6교시가 거의 끝날 무렵 강유재 선생님은 칠판에 이렇게 적었다.

> 내일의 퀴즈 범위: 소수의 나눗셈

"이 정보를 바탕으로 내일의 퀴즈 점수를 예측해 보세요. 3단원은 여러분이 어려워하는 단원입니다! 예측이 끝나면 집에 가기 전에 투자할지 말지, 투자한다면 얼마큼 할 건지 선생님에게 이야기해 주세요."

"소수의 나눗셈 엄청 어렵잖아! 오늘 퀴즈였던 각기둥과 각뿔은 쉬웠는데……. 내일은 분명 평균 점수가 떨어질 거야."

"근데 오늘 우리 되게 열심히 공부하지 않았어?"

"나는 집에 가서 완전 열심히 복습할 거야. 너도 공부할 거지?"

"당연하지!"

아이들은 저마다 점수를 예측해 보며 투자를 할지 말지 고민했다.

"도윤아, 투자할 거야?"

옆자리의 서윤이가 물었다.

"잘 모르겠어."

"난 할 거야. 내일 시험은 다들 잘 볼 거야! 하자!"

도윤이는 당연히 점수가 오를 거라는 서윤이의 말에 잠시 고민하다가 투자를 결심했다. 바람대로 경제 교실에 투자 시장이 생겨서 너무 뿌듯했다.

"너희 오늘 투자했어?"

하굣길에 도윤이가 물었다.

"나는 안 했어. 돈을 잃을까 좀 무서워."

준희의 얼굴에는 걱정이 가득했다.

"난 했어."

경제 수업을 별로 좋아하지 않는 듯했던 윤슬이가 투자를 했다는 소식은 의외였다.

아이들이 횡단보도 앞에 다다랐을 때 신호등은 빨간불이었다. 멈춰 서서 주변을 두리번거리던 도윤이가 갑자기 손을 흔들었다.

"할아버지!"

횡단보도 건너편에 '시니어 클럽'이라고 적힌 조끼를 입은 선글라스 할아버지가 노란 깃발을 들고 서 있었다. 곧 신호등이 파란불로 바뀌고 아이들은 할아버지에게 달려갔다.

"할아버지! 저희 오늘부터 투자해요!"

할아버지는 도윤이의 말에 흥미롭다는 듯이 물었다.

"무슨 투자를 했니?"

"경제 교실에서 퀴즈 점수로 투자 공부를 하기로 했어요. 내일 점수가 오늘보다 올라가면 돈을 벌고, 내려가면 돈을 잃어요. 주식처럼요!"

"그것 참 재밌겠구나. 그래서 다들 투자했니?"

"준희 빼고 다 했어요."

건택이가 준희를 가리키며 말했다.

"오호, 준희는 왜 안 했니?"

"점수가 떨어질까 무서워서요."

신호등이 다시 빨간불로 바뀌자 할아버지는 깃발을 움직여 사람들이 건너지 못하게 막았다.

"절대 잃지 않는 투자 방법은 없을까요?"

할아버지 곁에 선 준희가 조심스럽게 물었다.

"절대 잃지 않는 투자 방법은 없단다."

"에이, 뭐예요. 투자만 하면 무조건 부자 되는 줄 알았는데……."

건택이의 투덜거림이 들려왔다.

"절대 잃지 않는 투자 방법은 없지만, 반드시 잃게 되는 투자 방법은 있지. 남이 하라는 대로 따라 하는 투자는 실패한단다. 투자할 때 가장 중요한 건……."

드디어 투자의 비법을 알게 되는구나 싶어 기대감에 부푼 아이들은 침을 꿀꺽 삼킨 채 조용히 할아버지의 다음 말을 기다렸다.

"스스로 판단해야 한다는 거다. 남의 말만 듣지 말고, 스스로 공부해서 결정해야 한단다. 주식 투자를 하려면 우리나라뿐만 아니라 전 세계 경제 상황에도 관심을 가져야 해. 주식을 사려는 회사가 어떤지도 잘 알아봐야 하지. 미래 가치는 있는지, 재정 상황은 괜찮은지 많은 정보를 찾고 분석해서 스스로 판단해야 한단다."

기대했던 대답이 아니었는지 준희와 건택이가 실망을 감추지 못하는 와중에 윤슬이는 고개를 끄덕였다. 친구의 말을 듣고 투자를 했던 도윤이는 뜨끔했다.

할아버지는 다시 파란불로 바뀐 신호등을 보고 깃발을 횡단보도 쪽으로 돌렸다.

"오늘은 피시방 가지 말고 다들 집에 가서 복습해."

윤슬이가 새침하게 말했다. 도윤이 역시 얼른 집에 가서 아침 퀴즈 공부를 해야겠다고 생각했다.

"내가 뭐 맨날 피시방만 가는 줄 아냐!"
발끈한 건택이의 말을 끝으로 아이들은 각자 집으로 향했다.

⭐⭐⭐

다음 날 아침, 빠르게 문제를 푼 윤슬이가 교실을 둘러보았다. 친구들 표정을 보니 점수 상승을 기대해 봐도 좋을 것 같았다.

"오늘의 퀴즈 점수를 공개합니다."
6교시 수업이 끝날 때쯤 강유재 선생님이 밝은 목소리로 퀴즈 성적을 발표했다.
"오늘 여러분의 평균 성적은 82점입니다! 어제 평균이었던 80점에서 2점이 올랐으니, 가격이 2퍼센트 상승했네요. 투자한 친구들 축하합니다."
교실 안에 환호성이 터지는 동시에 곳곳에서 탄식이 흘러나왔다.
"오늘 집에 가기 전에 다시 투자할 수 있습니다. 투자한 돈을 찾아도 되고, 그대로 있어도 되고, 더 투자해도 됩니다."
"선생님, 주식 투자를 검색해 보니까 매수, 매도 같은 단어가 많이 보였어요. 투자할 때는 그렇게 말해야 하나요?"

"윤슬이가 투자에 관해 공부했구나? 맞아요. 주식을 사는 걸 '매수한다.'라고 하고, 파는 걸 '매도한다.'라고 해요. 앞으로 교실에서도 '매도', '매수'라고 표현하겠습니다. 그럼, 오늘의 투자 정보를 발표할게요."

> 내일의 퀴즈 범위: 수학 1~3단원 전체

"시험 범위가 너무 넓은데? 어려울 거 같아."
"이건 무조건 매도해야 한다! 분명히 성적이 떨어질 거야."
"다들 사지 마!"

교실이 시끌시끌하게 들썩였다. 아이들의 목소리에 귀 기울이던 도윤이는 선글라스 할아버지의 말을 떠올리고 스스로 결정하기 위해 조용히 고민했다. 이번에는 준희도 투자를 해 보기로 했다.

"여러분, 선생님은 깜짝 놀랐어요. 퀴즈가 어려웠을 텐데, 오히려 성적이 올랐습니다. 82점에서 83점이 되었어요!"

강유재 선생님의 말에 준희의 표정이 밝아졌다. 하지만 어제 투자한 돈을 찾았던 친구들의 표정은 급격히 어두워졌다. 윤슬이도 시무룩한 얼굴로 화폐 기입장을 뚫어져라 바라보았다. 부모님의 모습이 떠오른 준희는 다음에는 윤슬이의 투자가 잘되었으면 좋겠다고 생각했다.

주식 가격을 예측하는 연습

어느새 3주가 흘렀다. 돈을 번 친구도 있고, 돈을 잃은 친구도 있었다. 아이들은 어느새 '투자'라는 단어에 익숙해졌다. 주식에 대한 관심도 부쩍 높아졌다. 특히 준희는 이제 실제 주식 투자를 할 때는 무슨 공부를 해야 하는지 알고 싶었다.

"3주간 투자 활동을 해 보았는데요. 오늘은 실제로 주식 투자를 할 때는 어떤 방법으로 공부해야 하는지 알아볼 거예요. 우선 신문 기사에서 주식 가격을 예측할 수 있는 정보가 있는지 찾아보겠습니다."

강유재 선생님이 신문 기사를 보여 주며 말했다.

> (가) 회사는 이번 실적 발표에서 역대급 흑자를 기록했다고 밝혔다. 반면에 (나) 회사는 4분기 연속 적자를 발표했다.

"여러분, 어느 회사의 주식 가격이 오를 가능성이 높을까요? (가) 회사라고 생각하는 친구들 먼저 손들어 볼까요?"

윤슬이가 (가) 회사에 손을 들자 너도나도 우르르 따라서 손을 들었다. (나) 회사에 손을 드는 아이들은 거의 없었다.

"맞아요. **흑자**는 회사가 번 돈이 쓴 돈보다 많다는 뜻이에요. **적자**는 반대로 쓴 돈이 번 돈보다 많다는 뜻이죠."

> 코로나19 바이러스가 전국적으로 유행이다. 사람들은 실외 활동을 자제하고 집 안에서 보내는 시간이 많아졌다.

"이 기사를 보고 게임 회사와 항공사의 주식 가격을 예측해 볼 수 있을까요?"

강유재 선생님이 두 번째 기사를 보여 주며 질문했다.

"코로나19로 사람들이 여행을 많이 안 가니까 항공사 주식 가격은 떨어질 것 같아요. 게임 회사는…… 제가 코로나 바이러스가 유행한 뒤로 게임을 많이 하긴 했는데……. 그것도 주식 가격과 상관있을까요?"

건택이가 대답 끝에 갸우뚱하며 물었다.

"자, 생각해 봅시다. 코로나19 바이러스가 심각해지자 여행 관련 회사의 주식 가격이 크게 떨어졌습니다. 반면에 게임, 제약 관련 회사의 주식 가격은 크게 올랐습니다. 여러분이 온라인 수업 때 사용한 화상회의 프로그램 회사의 주식 가격도 올랐어요."

"와, 뉴스만 열심히 봐도 아주 많은 걸 예측할 수 있네요! 앞으로 뉴스 볼 때 주식이랑 관련지어서 생각해야겠어요."

놀란 도윤이가 감탄했다.

"도윤이 말처럼 경제 상황에 관심을 갖고 꾸준히 기사를 살펴보면 어떤 기업의 주식이 높아질지 예측하는 시야를 기를 수 있답니다. 선생님이 실제로 사용하는 투자 계획서를 나눠 줄 테니, 이걸 바탕으로 여러분이 만약 주식 투자를 하게 되면 어떤 회사에 어떻게 투자하고 싶은지 계획을 세워 보기로 해요."

준희는 선생님이 나눠 준 투자 계획서를 들여다보면서 어떤 회사를 검색하면 좋을지 머릿속으로 그려 보았다.

 5월에 배우는 경제 용어

주식 투자 돈을 벌기 위해 주식을 사는 것을 말해요. 기업에서 만든 주식은 매 분 매초 가격이 바뀝니다. 가격이 바뀌는 이유는 여러 가지가 있는데, 보통 기업의 장래가 밝으면 가격이 올라가고 어두우면 내려갑니다. 주식 가격이 낮을 때 사서 주식 가격이 올랐을 때 파는 식으로 돈을 벌 수 있어요.

주식 시장 주식을 사고파는 곳을 말합니다. 증권회사들이 바로 이 주식 시장의 역할을 합니다. 여러분과 같은 미성년자도 주식 시장을 이용할 수 있지만, 주식 계좌를 개설하려면 부모님의 도움을 받아서 비대면 앱을 이용하거나 직접 증권회사에 방문해야 해요. 주식 가격은 계속 변하기 때문에 매수할 때보다 비싸게 매도하면 돈을 벌 수 있습니다.

물가 시장에 파는 여러 가지 물건 가격의 평균을 말합니다. 물가는 시시때때로 달라집니다. '물가가 올랐다.'는 말은 물건 가격이 전체적으로 비싸졌다는 의미입니다. 짜장면 가격을 예로 들어 볼게요. 2000년에 짜장면은 2,500원 정도였는데, 2010년에는 4,000원, 2020년에는 5,000원을 훌쩍 넘겼습니다. 이처럼 물가는 상황에 따라 변화하며, 한번 올라가면 잘 내려가지 않습니다.

인플레이션 물가가 계속 오르는 현상을 뜻합니다. 물가가 오른다는 것은 돈의 가치가 떨어졌다는 의미이기도 합니다. 세상에 돌아다니는 돈이 많아지면, 돈의 가치는 점점 떨어집니다. 가치가 떨어져서 흔해지면 같은 물건도 이전보다 훨씬 더 많은 돈을 주고 사야 합니다. 이렇게 물건의 가격이 계속 오르는 것이 인플레이션입니다.

주식회사 주식을 팔아서 얻은 돈으로 운영하는 회사를 말합니다. 이때 주식을 산 사람들을 '주주'라고 하는데, 주주는 '주식의 주인'이라는 뜻입니다. 주주는 주식회사의 경영에 직접 또는 간접적으로 참여해요.

ETF 여러 종류의 쿠키가 들어 있는 상자처럼, 여러 기업의 주식이 모여 있는 투자 상품입니다. 따라서 ETF를 사면 한꺼번에 여러 기업에 투자한 셈이 됩니다. 선택한 ETF에 속한 여러 기업 중 하나의 주식 가격이 내려가도 다른 기업의 주식 가격이 오르면 ETF는 오를 수 있습니다.

재무제표 기업이 돈을 얼마큼 벌었고 얼마큼 썼는지 기록한 보고서입니다. 재무제표를 살펴보면 기업이 어떻게 회사를 운영했는지 알 수 있어요. 연도별 변화를 확인할 수 있는, 일종의 기업 성적표입니다.

증권회사 주식을 사려는 사람과 팔려는 사람을 연결해 주는 회사라고 할 수 있어요. 개별 기업의 주식 외에 ETF 같은 다양한 금융 상품도 살 수 있습니다.

매출 총이익 기업이 제품을 팔아서 번 돈에서 생산 비용을 뺀 금액입니다. 생산 비용이란 재료비, 직원 월급 등을 말합니다.

자본 장사나 사업의 기본이 되는 돈을 의미합니다. 사업을 하려면 상품을 만들기 위한 생산 시설이나 노동력 등이 있어야 합니다. 이러한 수단을 갖추기 위해 자본이라는 돈이 필요하죠.

투기 돈을 벌기 위해 무리해서 투자하는 것을 말해요. 잘못했다가는 큰돈을 잃을 수 있기 때문에 조심해야 합니다. 투자 가치가 있는지 꼼꼼하게 공부해서 스스로 판단하지 않고, 다른 사람의 말만 듣고 쉽게 큰돈을 벌기 위해 투기하는 일이 많아요.

매수 물건을 사서 넘겨받는 것을 말해요. 주식을 살 때도 매수라고 합니다.

매도 돈을 받고 물건을 다른 사람에게 넘겨주는 것을 말해요. 주식을 팔 때도 매도라고 합니다.

흑자 번 돈이 쓴 돈보다 많은 것을 말합니다. 여기서 '흑'은 '검다.'는 의미입니다. 돈을 잘 벌면 검정 잉크를 사서 장부를 작성할 수 있기 때문에 검은색을 뜻하는 한자어를 쓴다는 이야기가 있습니다.

적자 번 돈이 쓴 돈보다 적은 것을 말합니다. 여기서 '적'은 '붉다.'는 의미입니다. 돈을 벌지 못하면 잉크를 살 수 없어서 동물의 피로 장부를 작성하기 때문에 붉은색을 뜻하는 한자어를 쓴다는 이야기가 있습니다.

5월의 활동

계획을 잘 세워서 주식을 사면 투자가 되지만, 남의 말만 듣고 주식을 사면 투기가 될 수 있습니다. 장래의 현명한 투자자가 되기 위해 다음의 계획표를 작성하는 연습을 해 보세요.

투자하고 싶은 회사 (평소 좋아하던 브랜드를 눈여겨보세요)	
투자하고 싶은 회사와 관련된 정보 (신문 기사, 뉴스, 회사 홈페이지 등을 참고해 보세요)	
얼만큼 투자할 건가요?	나의 총재산: 저축 금액: 투자 금액:

투자 목표	나의 목표: 예시 ·(안정형) 안정적으로 돈을 벌고 싶다. ·(수익형) 위험 부담이 있더라도 큰돈을 벌고 싶다.
투자 방법	나의 투자 방법: 예시 ·한 달에 한 번 내가 가진 돈의 절반만큼 ·돈이 생길 때마다 내가 가진 돈의 1/3만큼
현재 주가와 목표 주가	<table><tr><td>회사명</td><td>현재 주가</td><td>목표 주가</td></tr><tr><td></td><td></td><td></td></tr><tr><td></td><td></td><td></td></tr><tr><td></td><td></td><td></td></tr><tr><td></td><td></td><td></td></tr><tr><td></td><td></td><td></td></tr></table>

5장. 6월의 경제 교실

돈 좀 빌려주세요
(대출과 신용)

사업이 너무 잘되도 고민

윤슬이에게 고민이 생겼다. '수학문제풀이' 사업이 너무 잘되기 때문이었다. 사업이 잘되면 1인 1역을 안 해도 학급 화폐를 충분히 벌 수 있어서 좋을 거라 생각했는데, 예상하지 못한 문제가 있었다. 윤슬이가 쉬는 시간 10분 동안 받을 수 있는 손님은 한 명 정도였다. 문제를 풀고, 푸는 방법을 설명해 주다 보면 10분이 빠듯할 때도 있었다. 화장실도 못 가고 쉬는 시간과 점심시간을 다 써도 하루에 최대 다섯 문제를 풀 수 있었다. 그마저도 몹시 어려운 문제를 연달아 만나면 두 개밖에 못 푸는 날도 있었다. 상황이 이렇다 보니 쉬는 시간마다 문제 풀이 쟁탈전을 벌이는 아이들도 있었다.

문제당 100원 받던 가격을 200원으로 올렸지만, 손님은 줄어들지 않았다. 요즘은 학원에서 푸는 수학 문제집을 가져와서 풀이 방법을 알려 달라고 하는 친구들도 생겼다. 번번이 한발 늦는 친구들의 원성도 조금씩 커지고 있었다.

"윤슬이는 친한 애들 문제만 풀어 주는 거 같아."

교실 한구석에서 누군가 이렇게 말하는 것을 들었을 때는 정말 당황스러웠다. 윤슬이는 아니라고 해명했지만, 친구들의 섭섭함은 다 풀리지 않은 듯했다. 윤슬이는 고민 끝에 선생님에게 도움을 청했다.

"선생님, 수학 문제를 어려워하는 친구들이 생각보다 많아서 저 혼자 사업을 하기엔 역부족이에요."

"윤슬이에게 그런 고민이 있었구나. 요즘 우리 반 친구들이 수학 공부를 열심히 하지. 직원을 고용하면 어떨까?"

"일을 나눠서 할 친구가 있다면 좋을 것 같긴 해요. 하지만 섣불리 고용했다가 돈을 못 줄까 봐 걱정돼요. 지난번 아침 퀴즈 성적 투자에서 크게 잃어서 지금 가진 돈이 얼마 없거든요."

"그랬구나. 선생님과 함께 방법을 찾아보자. 분명 찾을 수 있을 거야."

☆☆☆

강유재 선생님은 아이들에게 의견을 물었다.

"요즘 우리 반에 아주 잘 운영되는 사업들이 있죠? 사업이 잘 돼서 손님이 많아지면 가게를 넓히거나 직원을 고용해야 해요. 그러려면 돈이 필요한데, 사업을 확장할 만큼의 자금이 없다면 어떻게 하는 것이 좋을까요?"

"돈이 없으면 사업을 확장하지 말아야 하지 않을까요?"

"대책 없이 직원을 고용했다가 돈을 못 주면 어떡해!"

"돈 많은 사람이 빌려주거나 같이 일하고 싶은 애들끼리 힘을 합쳐서 돈을 벌면 될 것 같은데……."

웅성거리는 아이들 틈에서 건택이가 대수롭지 않다는 듯이 중얼거렸다. 그 얘기를 들은 준희가 다급하게 손을 들었다.

"은행! 은행에서 돈을 빌려주는 게 어떨까요?"

준희의 발표를 들은 강유재 선생님의 얼굴에 빙그레 미소가 지어졌다.

"좋은 생각이에요. 준희 말대로 은행에서 돈을 빌릴 수 있게 하겠습니다. 실제 은행에서도 돈을 빌릴 수 있는데요. 이것을 '대출'이라고 합니다. 돈을 빌리면 반드시 갚아야 하겠죠? 대출

금을 갚을 때는 빌린 돈뿐만 아니라 이자도 내야 합니다."

"빌린 돈만 갚으면 안 돼요?"

민찬이가 의아하다는 듯이 물었다.

"은행도 무작정 돈을 빌려줄 수는 없어요. 그랬다가는 너나없이 돈을 빌려서 은행의 금고가 텅 비어 버릴 테니까요. 돈을 빌리는 대신 약속한 기한까지 빌린 돈과 빌리는 대가로 추가되는 돈을 내야 해요. 이렇게 돈을 빌리는 대가로 내는 돈을 '이자'라고 합니다."

"이자는 저축하면 받을 수 있는 돈 아닌가요, 선생님? 저축을 하면 은행에 넣은 돈 말고도 몇십 원이 더 붙어 있을 때가 있어요."

장래 희망이 은행원인 하린이가 말했다.

"맞습니다. 돈을 빌릴 때는 이자를 내야 하지만, 돈을 저축할 때는 이자를 받을 수 있어요. 이때는 반대로 은행이 사람들의 돈을 빌리는 것으로 볼 수 있습니다."

"돈을 빌리거나 빌려줄 때 이자가 생기는 것이네요! 내는 것도 이자라고 하고 받는 것도 이자라고 해서 헷갈렸어요. 그럼, 이자는 얼마씩 붙는 거예요?"

하린이가 예비 은행원다운 날카로운 질문을 던졌다.

"이자는 금리에 따라 달라집니다! 돈을 빌릴 때 이자를 얼마나 내야 하는지 비율로 표현한 것을 금리라고 해요. 그럼, 우리나라 금리는 얼마일까요? 비율이라고 했으니까 퍼센트로 맞춰 볼까요?"

"1퍼센트요!"

"에이, 10퍼센트는 되지 않을까?"

"5퍼센트?"

아이들이 야구 게임처럼 돌아가며 숫자를 부르기 시작했다.

"정답은 '정해져 있지 않다.'입니다."

휘둥그레진 아이들의 눈이 일제히 강유재 선생님을 향했다.

"이 세상에 딱 세 켤레뿐인 운동화가 있다고 해 봅시다. 가격이 어떻게 될까요?"

"엄청 비쌀 거 같아요!"

"제 용돈으로는 못 살 것 같아요."

"맞아요. 돈도 마찬가지입니다. 많으면 가치가 떨어지고, 적으면 가치가 올라가죠. 세상에 돈이 많이 돌고 있으면, 은행은 금리를 올려서 돈의 양을 줄이려고 합니다. 반대로 세상에 돈이 적어지면, 은행은 금리를 낮춰서 돈의 양이 많아지게 합니다. 그래서 금리가 정해져 있지 않다고 한 거예요. 금리는 경제 상황에 따라 변하기 때문이죠. 따라서 대출 이자가 얼마인지, 저축 이자는 또 얼마인지 계산하려면 그때그때 금리를 잘 알아 두어야 합니다."

"그럼, 지금 금리는 얼마에요?"

얼마 전 은행에서 대출을 받았다는 부모님 생각이 난 준희가 조심스럽게 물었다. 준희 부모님은 주식 때문에 곤란을 겪고 있었다. 선생님의 설명대로라면 빌린 돈 말고도 대출 이자를 내야 하는데, 그 액수가 금리에 따라 달라지는 모양이었다. 금리가 올라가면 부모님이 갚아야 할 돈도 늘어난다는 뜻이었다.

"준희가 질문한 금리를 기준 금리라고 해요. 기준 금리는 한국은행에서 결정합니다. 한국은행은 우리나라 중앙은행으로, 경제 정책을 만들고 일반 은행을 관리하거나 감시하는 역할을 해요. 일반 은행에서 대출 이자를 정할 때 바로 이 기준 금리를 참고로 합니다. 그래서 은행마다 대출 금리가 비슷하면서도 약간씩 차이가 있어요. 현재 우리나라 기준 금리는 3.5퍼센트 정도입니다. 우리 반도 이와 비슷하게 3퍼센트로 금리를 정하면 어떨까 합니다."

강유재 선생님은 칠판에 큼지막하게 금리와 이자율의 뜻, 우리 반 금리를 차례로 적었다.

"그런데 여러분, 기준 금리가 3퍼센트라고 해서 대출 금리도 3퍼센트인 것은 아니에요."

아이들은 어리둥절한 얼굴로 선생님의 다음 말을 기다렸다.

"은행에서는 기준 금리보다 높게 대출 금리를 정한답니다. 기준 금리가 3퍼센트라면 대출 금리는 보통 5~6퍼센트 정도예요. 높으면 7퍼센트일 수도 있죠. 이게 바로 은행이 돈을 버는 방법의 하나예요."

강유재 선생님은 한껏 집중한 아이들을 바라보며 말을 이었다.

"대출받은 다음 돈을 잘 갚는 사람은 신용도가 높아져요. 은행이 믿을 수 있는 사람이 되는 거죠. 이렇게 신용도가 높은 사람이 대출을 신청하면 은행은 대출 금리를 조금 낮춰 준답니다."

신용도에 따라 대출 금리가 달라진다는 말에 아이들은 웅성거리기 시작했다.

"자자, 조용. 이제부터 은행원 업무에 대출을 추가하겠습니다. 은행에서 대출하려면 심사를 받아야 해요. 대출 금리와 심사 기준, 그리고 대출 방법은 은행원들과 상의해서 결정한 다음 게시판에 붙여 놓겠습니다."

선생님이 말을 마치자마자 도윤이가 손을 번쩍 들었다.

"선생님, 돈은 꼭 은행에서만 빌려야 하나요?"

"개인 간에 돈을 빌려주는 일도 있지요. 하지만 개인 간 돈 거래 시에는 문제가 발생할 수 있어요. 예를 들면, 어떤 문제가 발생할까요?"

"빌린 사람이 돈을 안 갚으면 신뢰가 떨어져요."

"그럼 더 이상 돈을 안 빌려주고 싶어요!"

"돈을 갚으라고 싸울 것 같아요."

아이들은 너도나도 돈을 못 받은 사람의 입장에 공감하며 이야기했다.

"그럴 수 있겠죠. 이 점을 고려해서 돈이 필요할 경우 어디서 빌릴지 판단해 보면 좋겠어요."

강유재 선생님이 의미심장한 미소를 지으며 경제 수업을 마무리했다.

함부로 돈을 빌리는 일은 위험해

 대출 심사 기준

1. 대출 목적
2. 현재 가지고 있는 돈
3. 한 달 예상 수익
4. 대출하고 싶은 금액

위 네 가지 항목이 있는 대출 신청서를 가져 오세요.

- 대출 심사 기간: 일주일 내외
- 대출 이자: 일주일에 10%
- 대출 기한: 한 달

※ 자산 규모에 맞지 않는 무리한 대출 신청은 거부될 수 있습니다.

"공고 봤어?"

피구를 하다가 달려온 도윤이가 붉어진 얼굴로 윤슬이에게 물었다.

"응. 대출 금리가 진짜 높더라. 너도 대출할 거야? 난 목적이 확실하니까 대출 신청서는 쉽게 쓸 수 있을 거 같아."

"그런데 꼭 은행에서 빌려야 할까? 건택이는 민찬이에게 빌리기로 했대. 이자는 은행보다 조금 높은 12퍼센트래. 1만 원을 빌리면 은행 이자는 1,000원인데, 민찬이한테 줘야 하는 이자는 1,200원이야. 200원 차이면…… 대출 신청서를 쓸 필요 없고, 기한도 원하는 대로 해 달라고 말해 볼 수 있는 쪽이 낫지 않아?"

"그런가?"

윤슬이는 고민에 빠졌다. 은행에서 돈을 빌리는 것은 번거롭지만 서류를 작성하기 때문에 모든 게 확실하고 안심이 된다. 반면에 도윤이 말처럼 친구에게 돈을 빌리면 빠르게 원하는 돈을 얻을 수 있지만 이자가 더 높고 조금 불안하다.

도윤이는 다시 운동장으로 뛰어가고 윤슬이는 자리에 앉아서 반 친구들을 살폈다. 사업을 하는 친구들은 대부분 대출 신청서를 쓰거나, 다른 친구에게 빠르게 돈을 빌리고 있었다. 윤슬이는 조금 더 상황을 지켜보기로 마음먹었다.

★★★

　일주일 후, 6학년 1반의 아침은 그 어느 때보다 소란스러웠다. 등교하던 다른 반 친구들까지 무슨 일인가 싶어 모여들 정도였다. 소란의 주인공은 바로 건택이와 민찬이었다.

　"야! 그런 법이 어딨어? 네가 분명 대출 기한은 한 달이고, 금리는 12퍼센트라고 했잖아!"

　"내가 언제? 난 분명 대출 기한은 일주일이고 금리는 15퍼센트라고 했어. 너도 동의했잖아!"

　"무슨 소리야? 그랬으면 안 빌렸지!"

　"그러니까 잘 확인하고 빌리지 그랬냐? 어쨌든 일주일 지났으니 얼른 갚아."

　"이 사기꾼!"

　건택이는 결국 울음을 터뜨렸다. 누구보다 빨리 사업 자금을 빌렸다며 좋아하던 건택이었는데, 상황이 이상하게 돌아가고 있었다. 지켜보던 윤슬이는 건택이가 울음을 터뜨리자 선생님에게 달려갔다.

　윤슬이의 얘기를 들은 강유재 선생님은 올 게 왔다는 표정으로 민찬이와 건택이를 불렀다.

"저는 정말 15퍼센트라고 했어요. 주변이 시끄러울 때 얘기해서 건택이가 잘못 들은 것 같아요. 하지만 대출 기한은…… 제가 속인 게 맞아요. 원래는 한 달이에요. 돈 쓸 곳이 생겨서 일주일이라고 했어요. 건택아, 미안해. 돈은 한 달 빌려줄게."

그제서야 건택이는 울음을 그치고 민찬이의 사과를 받아들였다.

개인 간 거래 시 유의점

강유재 선생님이 칠판에 이렇게 적고 아이들을 향해 말했다.

"지난번에 개인 간 돈 거래를 할 때는 문제가 발생할 수 있다고 했는데요. 안타깝게도 우리 반에서 그런 일이 생겼습니다. 이 기회에 앞으로 개인 간 돈 거래를 할 때 조심해야 할 점을 모둠별로 회의해서 정리해 봅시다."

아이들은 저마다 건택이와 민찬이의 상황에 몰입하면서 열띤 목소리를 냈다. 그렇게 정해진 '개인 간 거래 시 유의점'은 다음과 같았다.

> **개인 간 거래 시 유의점**
>
> 1. 반드시 대출 기한, 금액, 이자를 적은 계약서를 작성한다.
> 2. 불이행 시 불이익이 있다는 내용을 포함한다.
> 3. 개인 간 거래에서는 감정이 상할 수 있으니 급한 경우가 아니라면 은행을 이용한다.

한바탕 소동이 지나간 다음 쉬는 시간이 되자 윤슬이가 도윤이에게 다가왔다.

"도윤아, 나 대출 안 하려고 해."

"그럼, 사업은 어떡해?"

"그냥 혼자 하려고. 건택이 보니까 돈을 빌리는 일은 너무 위험한 것 같아."

"은행에서 빌리는 건 어때?"

"은행도 무서워. 우선은 나 혼자 해 볼래."

어디서도 돈을 빌리지 않기 위해 사업을 키우지 않겠다는 것은 그다지 좋은 방법이 아닌 듯했지만, 겁먹은 윤슬이의 표정을 보니 도윤이는 아무 말도 할 수 없었다.

대출이 꼭 필요할 때

윤슬이는 돈을 빌리지 않기로 마음먹었지만, 아무리 생각해도 더 많은 문제를 풀어 주려면 사업을 확장해야만 했다. 깊은 생각에 빠진 채 신호등 앞에 다다른 윤슬이는 바로 바뀌는 파란불을 보고 발을 내딛었다. 그때 갑자기 자동차 브레이크 소리가 들렸다.

"끼익!"

자동차가 가까스로 멈춰서는 소리와 함께 윤슬이는 바닥에 엉덩방아를 찧으며 넘어졌다.

"얘야! 괜찮니?"

'시니어 클럽'이라고 적힌 조끼가 먼저 윤슬이의 눈에 들어왔다. 선글라스 할아버지였다.

"네……."

"조심하세요. 아이가 다칠 뻔했잖아요."

할아버지는 깃발을 펄럭이며 목에 핏대가 설 정도로 운전자에게 화를 냈다. 자동차에서 후다닥 내린 운전자는 안절부절못하며 윤슬이를 살폈다.

"아이고, 미안하다. 아저씨가 급해서……. 다치진 않았니?"

"네, 괜찮아요. 부딪히지 않았어요. 차가 갑자기 멈추는 소리에 놀라서 넘어졌어요."

하굣길의 작은 소란에 몇몇 아이들이 흘끔거리는 게 느껴졌다. 윤슬이는 이목이 쏠려 조금 민망해졌다.

"윤슬아, 괜찮아?"

"다친 데는 없어?"

도윤이와 준희가 우르르 달려와서 물었다. 윤슬이는 친구들의 부축을 받고 일어났다.

"여기 내 명함이다. 혹시라도 무슨 일 있으면 연락하렴."

운전자의 명함을 윤슬이에게 전해 준 할아버지가 상황을 정리했다. 운전자는 떠나고 윤슬이와 친구들은 안전한 보도 위로 올라왔다. 명함을 주머니에 넣은 윤슬이는 빠르게 손과 발에 묻은 먼지를 털었다.

"횡단보도에서는 앞을 잘 봐야지. 무슨 생각을 그렇게 골똘히 했니?"

선글라스 할아버지가 아까와는 사뭇 다른 목소리로 말했다.

"도와주셔서 감사합니다."

"보나 마나 뻔하지! 대출 생각했지?"

무거운 분위기를 조금 가볍게 만들고 싶었던 도윤이가 장난스럽게 말했다.

"대출? 무슨 대출?"

할아버지의 물음에 도윤이가 먼저 입을 열었다.

"윤슬이가 교실에서 수학 문제 푸는 사업을 하는데, 바빠져서 직원을 뽑을까 하거든요. 그런데 모아 둔 돈이 많지 않아서 대출을 받아야 하나 고민하고 있어요."

"은행에서 대출을 받자니 번거롭기도 하고, 갑자기 사업이 안돼서 못 갚으면 어쩌나 싶기도 해요."

윤슬이가 뒤이어 이야기했다.

"건택이는 은행에서 대출받는 대신에 친구한테 돈을 빌렸다가 사기당했어요!"

준희가 끼어들어 말을 보탰다.

"어이쿠, 난리로구나. 사기를 당하다니…… 계약서를 안 썼나?"

"맞아요! 어떻게 아셨어요?"

"이 할아버지가 금융자산운용가로 일했단다. 그 정도야 껌이지. 그러면 대출을 받으면 되지, 뭐가 문제냐?"

"대출을 못 갚으면 빚쟁이가 되잖아요. 그건 너무 싫어요."

윤슬이의 말에 선글라스 할아버지가 말했다.

"대출을 신중하게 고민하다니 기특하구나. 하지만 대출은 나쁜 게 아니란다. 계획적으로 이용하면 큰 도움이 될 수도 있지. 대출은 시간을 사는 것과도 같단다. 미래에 벌 돈을 은행에서 미리 빌리는 거야. 어디 한번 생각해 보자. 네가 지금 버는 돈은 얼마니?"

"매일 똑같지는 않지만 하루에 최대 다섯 문제를 풀어 주면 1,000원을 벌어요. 문제 푸는 시간도 필요하고, 설명해 주는 데도 시간이 걸리거든요. 그래서 일주일에 많으면 5,000원을 벌어요."

"지금 가지고 있는 돈은 얼마니?"

윤슬이는 화폐 기입장을 열어서 가진 돈을 확인했다. 투자를 했다가 돈을 크게 잃어서 생각보다 많지 않았다.

"지금은 1,000원 정도 있어요."

"직원을 고용한다면, 돈은 얼마나 줄 거니?"

"최저 임금이 하루에 250원이에요. 일주일에 5일 등교하니까 직원 한 명당 매주 1,250원은 줘야 해요. 그런데 저는 하루 800원씩, 일주일에 4,000원을 생각하고 있어요."

"그렇게나 많이?"

놀란 도윤이가 물었다.

"응. 풀어 달라고 가져오는 수학 문제는 대부분 어렵잖아. 게다가 친한 친구 문제만 풀어 준다는 원성을 들을 수도 있어서 직원 고용이 쉽지 않아."

"대출은 얼마나 받을 생각이니?"

선글라스 할아버지가 다시 물었다.

"직원을 고용하면 아무리 사업이 안돼도 2주 이상은 함께 일해야 해요. 그래서 최소 2주일은 버틸 수 있는 인건비가 있으면 안심될 것 같아요. 지금 가진 돈이 1,000원이니까, 2주 인건비인 8,000원에서 1,000원을 뺀 7,000원을 대출받고 싶어요."

"대출 이자는 얼마니?"

"대출 이자는 10퍼센트니까, 일주일에 700원이에요."

"그렇다면 한 달에 2,800원을 이자로 내야 하는구나."

윤슬이가 핸드폰을 꺼내 계산기 앱을 열면서 말했다.

"네, 맞아요. 한 달 인건비가 1만 6,000원이고, 대출금이 7,000원, 대출 이자가 2,800원이니까 무조건 2만 5,800원 이상은 벌어야 해요."

윤슬이가 계산기에 찍힌 숫자를 보여 주며 이야기했다.

"직원 한 명을 고용하면 둘이 한 달에 최대 4만 원을 벌 수 있겠구나. 거기에 지금 가진 돈 1,000원을 더하고 인건비, 대출금, 대출 이자를 빼면 최대 1만 5,200원 정도 이익을 보겠네."

"하지만 이건 최대로 벌 수 있을 때고, 가끔 너무 어려운 걸 물어보면 하루에 두 문제밖에 못 풀 때도 있어요. 그럼 한 달에 1만 6,000원 정도를 버는 거예요. 그리고 앞으로 손님이 줄어들 수도 있잖아요. 그럼 인건비는커녕 빚도 못 갚아요. 하지만 돈을 못 벌어도 직원 일급은 줘야 하잖아요? 그렇다고 지금처럼 계속 혼자 일하면 친한 사람 문제만 풀어 준다는 오해가 쌓일 거예요."

할아버지는 걱정 가득한 윤슬이를 보고 빙긋 웃으며 답했다.

"원래 사업에는 위험이 따른단다. 하지만 지금 계획대로라면 대출을 고민해 봐도 될 것 같구나. 손님이 줄어드는 게 걱정이라면 더 적극적으로 홍보해 봐도 좋겠지? 돈을 못 벌까 봐 걱정하기보다 어떻게 하면 돈 더 벌 수 있을지 고민해 보렴."

대출을 하지 않겠다고 마음먹었던 윤슬이의 생각이 흔들리기 시작했다.

"교실 은행에서 서류를 보고 대출해 준다고 한 걸 보니, 아마 터무니없는 대출 신청서는 받아 주지 않을 거다. 어차피 능력이 없다고 판단되면 돈을 빌려주지 않을 테니 도전해 보는 것도 나쁘지 않을 듯싶구나. 경제 교실에서 다양한 경험을 해 봐야 실제 사업과 대출에 관해서도 공부가 되지 않겠니?"

할아버지의 말이 윤슬이의 마음을 움직였다. 사업 확장에 성공하면 좋겠지만, 실패해도 배울 수 있을 것이다. 경제 교실은 돈을 가장 많이 버는 사람을 뽑는 게 아니었다. 윤슬이는 이 기회에 다양한 경제활동을 직접 체험해 보는 것이 중요하다는 사실을 깨달았다.

그때 준희가 갑자기 손을 번쩍 들었다.

"질문이 있어요! 친구에게 빌리는 돈은 항상 위험한가요?"

"그렇지는 않단다. 하지만 계약서를 제대로 쓰지 않거나 은행을 거치지 않고 돈을 빌리면 여러 가지 문제가 생길 수 있지. 은행보다 더 많은 이자를 내야 할 수도 있고……. 그러니 평소에 신용을 잘 쌓아 두었다면 은행에서 돈을 빌리는 것이 가장 안전하겠지?"

아이들이 고개를 끄덕이며 할아버지의 말을 경청했다.

"할아버지, 감사합니다. 그동안 은행과 신용에 관해 잘 몰라서 용기가 나지 않았어요. 이제 꼼꼼하게 대출 신청서를 써 볼게요."

윤슬이의 표정이 한결 단단해졌다.

빌린 돈을 잘 갚는 것도 능력

"걱정하더니 대출받기로 했어?"

건택이가 서류를 작성하는 윤슬이를 보며 물었다.

"응, 계획대로 사업을 운영하면 문제없을 것 같아. 실패해도 이 기회에 공부하면 되니까!"

대출 신청서를 제출한 윤슬이는 은행의 대출 심사를 기다렸다.

일주일 후 윤슬이는 1,600원을 대출받는 데 성공했다. 그 사이 하린이를 직원으로 고용했다. 마침 다음 단원이 「소수의 곱

셈과 나눗셈」이라 수학 익힘 교과서 숙제를 어려워하는 친구가 많았다. 쉬는 시간과 점심시간을 꽉꽉 채워 가며 문제 풀이를 했더니 걱정과는 달리 돈을 꽤 벌었다. 하린이에게 임금을 주고 은행 이자를 내도 돈이 남았다. 만약 든든한 대출금이 없었다면 사업을 키우지 못했을 것이고, 수익이 늘어나지도 않았을 것이다.

"이윤슬, 부럽다. 우리 반에서 네 사업이 가장 크잖아. 나도 너처럼 사업을 키우고 싶다."

건택이가 수학 문제에 집중하는 윤슬이의 옆자리에 앉아서 말을 건넸다.

"처음엔 망설였지만, 결국 대출을 잘 사용해서 이렇게 된 것 같아."

"나도 은행에서 대출해 볼까?"

"민찬이한테 빌린 돈은 어떻게 됐어?"

"다 갚았어. 그래서 빈털터리야."

"현명하게 사용하면 대출도 괜찮은 것 같아. 사업에 자신 있다면 한 달 정도 대출해 보는 게 어때? 대출 신청서 쓸 때 내 도움이 필요하다면 말해. 도와줄게."

윤슬이의 말에 건택이가 감격하고 말았다.

"윤슬아! 고마워."

선글라스 할아버지 말대로 대출은 나쁜 게 아니었다. 계획적으로 이용하면 경제활동에 큰 도움이 되는 것이 바로 대출이었다. 윤슬이는 사업이 더욱 바빠지면 새로운 직원을 한 명 더 고용해야겠다고 생각했다. 요즘 수학 공부에 열심인 건택이와 함께해도 좋을 듯했다. 수학 문제를 풀어 주는 일은 친구들의 공부에도 도움이 되니 사업이 잘될수록 뿌듯함도 커졌다.

 신용도에 따라 대출 금리 변동

신용도 1등급: 대출 금리 7%
신용도 2등급: 대출 금리 8%
신용도 3등급: 대출 금리 9%
신용도 4등급: 대출 금리 11%

신용도는 대출금의 크기와 대출을 기한 내에 잘 갚은 정도에 따라 결정됩니다.

얼마 후 교실 게시판에 공지가 하나 붙었다. 윤슬이는 눈을 반짝이며 공지를 살펴보았다.

공지 옆에는 반 아이들의 이름과 각각의 신용 등급이 적힌 종이도 함께 붙어 있었다. 대출을 하고 잘 갚은 친구들의 신용도가 높았다. 윤슬이의 신용도는 1등급이었다.

6월에 배우는 경제 용어

자금 특정한 목적을 위해 사용되는 돈을 말합니다. 사업을 경영하는 데 쓰는 돈은 '사업 자금', 결혼을 준비하는 데 쓰는 돈은 '결혼 자금'이라고 합니다.

금리 금은 '돈', 리는 '이득, 가치'를 뜻합니다. 따라서 금리는 '돈의 가치'라는 의미예요. 보통 빌려준 돈이나 예금 등에 붙는 이자의 비율을 말합니다.

기준 금리 금리의 기준이 되는 금리를 말합니다. 일반 은행들은 이 기준 금리를 바탕으로 대출 금리, 예금 금리, 적금 금리 등을 정합니다. 기준 금리가 올라갔을 때 은행에서 예금이나 적금을 들면 예금 금리와 적금 금리가 올라가서 이자를 더 받을 수 있습니다. 하지만 기준 금리가 올라갔을 때 은행에서 대출을 받으면 대출 금리가 올라가서 이자를 더 내야 해요. 이러한 기준 금리는 나라 안팎의 경제 사정을 고려하여 한국은행에서 결정합니다.

한국은행 우리나라의 중앙은행을 말합니다. 중앙은행은 나라의 금융 및 통화 정책의 주체가 되는 곳입니다. 일반 은행과는 달리 화폐를 만들고, 국가의 예금을 관리하며, 금융 정책을 시행하는 등의 일을 하는 은행입니다.

신용도 믿을 수 있는 정도를 뜻하는 말로, 빚을 갚을 수 있는 경제적인 능력의 정도를 의미합니다. 빌린 돈을 잘 갚는 사람은 신용도가 높고, 빌린 돈을 잘 갚지 못하는 사람은 신용도가 낮습니다. 이러한 신용도는 재산이 얼마나 있고, 빚은 또 얼마나 있으며, 빌린 돈을 잘 갚는지 등을 두루 조사해서 결정됩니다.

금융자산운용가 주로 투자 회사에서 일하며, 자산을 전문적으로 관리하는 사람을 말합니다. 흔히 '펀드 매니저'라고도 합니다. 펀드란 '돈 무더기'를 뜻합니다. 고객의 돈을 다양하게 투자해서 더 크게 불리는 일을 하는 것이죠. 고객이 최대한 많은 돈을 벌 수 있게 정보를 제공하거나, 고객이 맡긴 돈을 직접 투자해서 더 많은 돈을 벌 수 있게 도와주는 사람입니다.

신용 믿음직함을 뜻하는 말로, 빌린 돈을 갚을 수 있다는 것을 보이는 능력입니다. 은행은 신용이 높은 사람에게는 돈을 잘 빌려주고 신용이 떨어지는 사람에게는 잘 빌려주지 않습니다.

신용 등급 돈을 갚을 수 있는 능력에 따라 등급을 나눈 것입니다. 우리나라는 신용 점수제를 사용해서 1~1,000점 사이의 신용 점수에 따라 등급을 나눕니다. 1등급은 942점 이상이고, 2등급은 891~941점가량입니다. 신용 점수가 높을수록 많은 돈을 빌릴 수 있습니다.

6월의 활동

여러분 스스로 정보를 찾아서 다음 질문의 답을 적어 보세요.

• 현재 우리나라의 최저 임금은 얼마일까요?

• 현재 우리나라의 기준 금리는 몇 퍼센트일까요?

• 대출은 나쁜 것이 아니라고 했는데, 그렇다면 어떤 상황에 부닥쳤을 때 대출이 꼭 필요할까요?

• 좋은 조건으로 대출을 받으려면 신용도가 높아야 합니다. 그럼, 어떻게 해야 신용 등급을 높일 수 있을까요?

6장. 7~8월의 경제 교실

스스로 공부하는 여름방학

알찬 방학을 위한 고민

방학식이 시작되었다. 아이들은 한껏 들뜬 표정으로 자리에 앉았다.

"여러분, 1학기가 끝났습니다! 한 학기 동안 교실에서 경제활동을 하면서 배운 점이나 느낀 점을 나누어 볼까요?"

강유재 선생님의 제안에 도윤이가 먼저 손을 들었다.

"부자가 되려면 많은 걸 알아야 한다는 생각이 들었어요. 세금도 잘 알아야 하고, 투자를 하려면 다양한 기업에 대해서도 공부해야 할 거 같아요."

"도윤이의 생각이 학기 초보다 구체적으로 바뀌었네요. 도윤이 말대로 부자가 되려면 우리 사회의 다양한 방면에 관심을 두어야겠죠."

다음으로 준희가 손을 들었다.

"저는 주식이 무조건 나쁜 거라고 생각했는데, 투자하려는 회사를 잘 알아보고 신중하게 시작해야 하는 것이라고 생각이 바뀌었어요."

"맞아요. 주식도 경제활동의 일부이기 때문에, 신중하게 미리 공부하고 접근해야 해요. 준희가 중요한 것을 깨달았네요."

선생님이 준희의 변화를 칭찬했다. 그러자 이번에는 건택이가 서둘러 손을 들었다.

"저는 사업을 잘하는 윤슬이를 보면서, 역시 사업을 해야 돈을 많이 벌 수 있다는 걸 느꼈어요. 저도 사업을 더 잘해 보고 싶어요!"

윤슬이는 건택이의 말이 의외였다. 건택이가 수학 문제를 알려 달라고 찾아오는 일이 잦아지면서 종종 이야기를 나누었지만 이런 생각을 하는지는 미처 몰랐기 때문이다.

"건택이가 윤슬이에게 좋은 자극을 받았나 보네요."

강유재 선생님은 이어지는 아이들의 이야기를 하나하나 귀 기울여 듣고 다시 입을 열었다.

"지금까지 경제 교실에서 배운 것을 여름방학 동안 복습해 봅시다. 저축에 관해 복습하고 싶다면, 관련 책을 읽거나 직접 은행에 가서 통장을 만들고 저축을 해 보는 겁니다. 주식에 관해 복습하고 싶다면, 마찬가지로 관련된 책을 읽거나 모의 투자를 해 보는 것도 좋겠죠. 모의 투자 사이트나 앱에 들어가면 모의 투자 연습을 할 수 있답니다."

건택이가 다급하게 손을 들었다.

"사업을 복습하고 싶으면 어떻게 해야 할까요?"

"실제로 어떤 사업을 하고 싶은지 사업 계획서를 써 보면 어떨까요? 가족을 대상으로 서비스를 제공하는 사업을 해 보는 방법도 있고요. 건택이가 가볍게 시도해 볼 수 있는 일로 사업을 복습하면 됩니다. 이게 바로 여름방학 숙제입니다. 방학이 끝나고 어떻게 복습했는지 이야기 나누어 봅시다."

방학 숙제라는 말에 몇몇 친구들의 표정이 걱정스러움으로 물들었다. 하지만 대부분은 수학 문제 풀기, 영어 단어 외우기보다 훨씬 재미있는 숙제라고 생각했다. 도윤이는 곧바로 무엇을 하면 좋을지 머리를 굴리기 시작했다. 건택이도, 윤슬이도, 준희도 모두 같은 고민을 시작했다.

도윤이는 방학식이 끝나자마자 친구들을 이끌고 빠르게 학교

를 빠져나왔다. 더운 날씨 때문인지 운동장에서 노는 아이들도 거의 없었다. 도윤이와 친구들은 학교 근처 청소년 수련관으로 향했다. 에어컨 바람이 시원하게 흘러나오는 놀이 공간은 이미 학생들로 붐볐다. 아이들은 놀이 공간 한쪽에 자리를 잡았다.

"이제 좀 살겠다. 오늘 너무 덥지 않냐? 우리 집은 전기세 아낀다고 에어컨도 잘 안 켜. 부자가 되면 에어컨도 막 틀 텐데! 그나저나 뭘 하면 좋을까? 개학하면 우리가 1학기에 배운 거 어떻게 실천했는지 발표한다고 했잖아."

도윤이가 땀을 닦으며 말했다.

한 학기 내내 교실 청소를 했던 건택이가 먼저 단호하게 선언했다.

"난 사업을 해 보려고. 할머니 말씀처럼 내가 잘하는 거, 그리고 남한테 필요한 걸 찾아서 사업을 해 볼 거야!"

도윤이는 주변 사람들을 살펴보면서 건택이에게 물었다.

"저 사람들은 뭐가 필요할까?"

"그건…… 모르겠다."

건택이가 머리를 쥐어뜯으며 말했다.

"나는 사업도 좋지만, 주식을 복습하고 싶어. ETF에 관한 책도 읽어 보려고."

도윤이와 건택이의 대화를 지켜보던 준희가 진지하게 말했다.

"와, 준희 뭔가 멋지다."

도윤이가 부러움을 담아 준희에게 말했다. 윤슬이는 작게 박수를 치며 준희를 응원한 다음 입을 열었다.

"나는 저축을 복습해 보려고. 저축에도 다양한 방법이 있더라. 그중 하나를 실천해 보려고 해."

"그럼 난 뭐 하지?"

도윤이가 탁자에 고개를 떨궜다. 친구들은 벌써 복습하고 싶은 걸 다 정했는데 자신만 아무것도 생각 못 한 것 같았다. 그때 준희가 도윤이에게 제안했다.

"나랑 같이 주식 공부하는 건 어때? 지난번에 네가 설명해 준 내용에 대해서 좀 더 공부해 보자."

하지만 도윤이는 교실에서 투자했을 때 종종 손해를 봐서 선뜻 주식 공부를 하고 싶다는 생각이 들지 않았다. 그때 선글라스 할아버지와 언니가 말한 ETF가 떠올랐다.

"그럼, 우리 ETF를 공부해 보자!"

주식이니 ETF니 하는 단어를 입 밖으로 꺼내니까 뭔가 그럴듯해 보였다. 어쩐지 어른이 된 것 같은 기분에 어깨가 으쓱해지는 도윤이였다.

나만의 경제 교실

건택이는 집에 오자마자 사업 계획서를 쓰기 위해 책상 앞에 앉았다. 하지만 무엇을 하면 좋을지 잘 떠오르지 않았다. 선생님이 가족을 대상으로 사업을 해 봐도 좋다고 했지만, 가족에게 필요한 게 무엇인지 잘 생각나지 않았다. 그때 방문을 긁는 것 같은 소리가 들렸다. 문을 열었더니 할머니가 키우는 강아지 '호야'가 척척 걸어 들어왔다. 얼마전 할머니가 무릎 수술을 받아서 호야는 당분간 건택이네 집에 머물고 있었다.

건택이가 호야를 안아 들려고 하자, 호야가 먼저 빠르게 산책용 목줄이 있는 곳으로 달려갔다. 목줄을 물고 온 호야의 모습을 보고 건택이는 번뜩이는 아이디어가 떠올랐다.

🌿 사업 계획서 🌿

회사명: 산책 갈 '개'

하는 일: 강아지 산책 대신 시켜 주고 돈 받기

가격: 30분에 3,000원

홍보 방법: 강아지를 키우는 사람에게 사업 소개하기

운영 시간: 학원 가고 남는 시간

건택이는 무릎이 안 좋은 할머니를 대신해서 호야를 산책시키는 일을 사업으로 해 보기로 마음먹었다. 사업 계획서를 쓰자마자 병원에 있는 할머니에게 전화를 걸었다.

"건택이니?"

다행히 할머니의 목소리는 좋아 보였다.

"네! 할머니! 아니, 고객님!"

"고객님?"

예상하지 못한 단어의 등장에 할머니가 되물었다.

"네! 고객님께 제안드릴 것이 있습니다."

건택이는 진지하게 강아지 산책 사업을 소개했다.

"고객님이라고 부르는 게 퍽 마음에 드는구나. 사업가의 자세가 되어 있어. 그러니까 호야를 산책시켜 주고 돈을 받겠다는 거지? 나쁘지 않은 제안이구나."

할머니의 긍정적인 반응에 건택이의 얼굴이 확 밝아졌다.

"그럼 매일 30분씩 산책시키는 것으로 하자. 일주일 후에 2민 1,000원을 보내 주마. 아무래도 퇴원하려면 일주일은 더 있어야 할 거 같으니 말이다."

"네! 좋습니다. 고객님."

건택이는 신나게 답했다.

"그러고 보니 진수 이모가 새로 입양한 강아지 산책을 시켜야 하는데, 일하느라 바빠서 힘들다고 하는구나?"

할머니의 말에 건택이가 눈을 빛내며 말했다.

"할머니, 진수 이모 연락처 알려 주세요!"

윤슬이는 예전에 엄마와 함께 은행에 가서 만든 통장을 펼쳤다. 여태까지 설날과 추석에 받은 용돈이 고스란히 입금되어 있었다. 친구들에게는 호기롭게 적금을 공부한다고 했지만, 윤슬이는 무슨 은행에서 어떤 적금을 들 수 있는지 몰랐다. 은행을 하나하나 찾아가서 물어 봐야 할까? 하지만 요즘 은행이 부쩍 줄어들어서, 이제 동네에 은행은 단 두 개뿐이었다. 그래도 일단 나가 보자고 마음먹고 현관으로 향했다.

"방금 들어왔는데, 또 어디 가니?"

거실에서 노트북을 놓고 재택근무를 하던 아빠가 물었다.

"은행이요!"

아빠는 다급해 보이는 윤슬이를 서둘러 불러 세웠다.

"갑자기? 곧 은행 문 닫을 시간이야. 벌써 3시잖니. 내일 가렴."

시간을 확인한 윤슬이는 허탈하게 거실로 돌아섰다.

"은행은 왜 이렇게 문을 일찍 닫아요? 적금에 관해 알아보러 가려고 했는데……"

"은행에 직접 찾아가지 않아도 적금에 관해 알 수 있는 방법이 있는데?"

그 얘기에 윤슬이가 후다닥 아빠 곁으로 달려왔다.

"어떻게요?"

"인터넷으로 무슨 은행이 얼마나 이자를 주는지 확인하고 서로 비교할 수 있단다."

윤슬이는 아빠와 함께 인터넷 검색을 시작했다. '적금 비교'라고 검색어를 입력했더니 여러 은행의 다양한 적금이 주르륵 나타났다.

"우와! 이자가 10퍼센트나 돼요!"

윤슬이는 신이 나서 말했다.

"하지만 잘 보렴, 이 적금을 드는 동안 결혼해야 그만큼 이자를 주는 거란다."

"이, 그리네요. 치사해."

"좀 더 찾아보자."

윤슬이는 다시 적금을 비교하기 시작했다.

"이건 11퍼센트나 준대요. 그런데 왜 적금 이름에 '야구'가 들어가 있지?"

적금의 상세 설명을 읽은 윤슬이의 얼굴이 확 굳었다.

"응원하는 팀이 우승해야 이자를 더 준대요. 누가 우승할 줄 알고 팀을 고르죠?"

윤슬이의 말에 아빠가 웃으며 답했다.

"야구를 좋아하는 사람들은 자기가 응원하는 팀이 우승할 거라고 생각하고 고르지 않겠니? 자존심을 건드리는 마케팅*** 전략이구나."

"마케팅 전략이요?"

"물건을 파는 모든 곳에는 나름의 전략이 있단다. 그걸 마케팅 전략이라고 해. 비싸고 좋은 물건은 눈에 잘 뜨이는 곳에 둔다거나, 서로 관련된 물건을 근처에 두는 것도 그런 이유 때문이지. 그리고 은행에서도 적금을 팔기 위해 전략을 세운단다. 일종의 장사를 하는 거지. 사람들이 적금을 많이 들어야 은행에 돈이 들어올 테니 말이야. 그러다 보니 손님을 끌기 위해 여러 가지 재미있는 적금을 만든단다. 게임을 해서 정답을 맞추면 이자를 더 주는 적금도 있고, 친구를 초대하면 이자를 더 주는 적금도 있단다."

은행이 장사를 한다는 아빠의 말이 놀라웠다. 하지만 윤슬이는 야구에 관심이 없어서 이 적금은 끌리지 않았다. 다시 다른 적금을 살펴보았다.

"어! 이건 처음 적금을 드는 사람한테 이자를 더 준대요!"

"윤슬이를 위한 적금이구나."

그런데 적금을 파는 곳이 동네에 없는 은행이었다.

"적금을 들려면 은행에 가야 하죠? 우리 동네에 이 은행 없는데……."

안타까워하는 윤슬이의 눈앞에 핸드폰을 흔들어 보이며 아빠가 말했다.

"요즘은 부모의 신분증과 가족관계증명서 같은 서류만 준비되어 있으면 핸드폰으로도 쉽게 적금을 들 수 있단다. 어때? 해 보고 싶니?"

윤슬이는 아빠의 핸드폰을 꼭 붙잡고 대답했다.

"네! 앞으로 용돈 받으면 20퍼센트는 적금에 넣을 거예요."

윤슬이는 아빠와 함께 필요한 서류를 어떻게 준비할 수 있는지 찾아보기 시작했다.

⭐⭐⭐

　도윤이와 준희는 동네 도서관에 갔다. 도서관에 어떤 책이 있는지 검색할 수 있는 컴퓨터 앞에 앉아 '주식'이라는 단어를 입력했다. 제목에 주식이 들어간 책이 순식간에 주르륵 나타났다. 어쩐지 전문적인 느낌의 책 표지들을 보고 아이들은 조금 주눅이 들었다.

　준희는 검색어에 '초보'라는 단어를 추가했다. '첫 주식 공부', '처음 공부' 같은 말이 제목에 등장하자 비로소 알맞은 곳에 찾아온 기분이 들었다.

　도윤이는 평소 책을 잘 읽지 않았다. 그런데 관심 분야가 생겨서 책을 검색하고 있자니, 스스로 대견하게 느껴졌다.

　도윤이와 준희는 서가에서 검색한 책 몇 권을 찾은 다음, 그 자리에 앉아서 펼쳐 보았다. 첫 번째 책은 목차에 적힌 단어가 죄다 어려워서 무슨 말인지 이해하기 힘들었다. 자연스럽게 눈이 마주친 준희와 도윤이는 다시 한번 책을 들여다본 다음 덮어 버렸다. 두 번째 책은 낯선 영어 단어와 그래프가 가득했다. 다시 책을 덮었다. 이래서는 주식 공부를 시작할 수 없을 것 같았다.

　준희가 한숨을 쉬며 고개를 돌리는데 마침 '오늘의 추천' 서가가 보였다. 거기에 'ETF'라는 단어가 적힌 책이 꽂혀 있었다. 준희는 서가에 다가가서 그 책을 뽑아 들었다. 목차에 '주식 초보들이여, 이제는 ETF로 진격하라.'라는 문구가 눈에 띄었다.

"주식 초보라니, 딱 우리잖아?"

자리를 잡은 준희 옆에 앉아서 목차를 들여다본 도윤이가 작게 속삭였다. 준희는 천천히 책을 읽으며 공책에 내용을 요약해서 적기 시작했다.

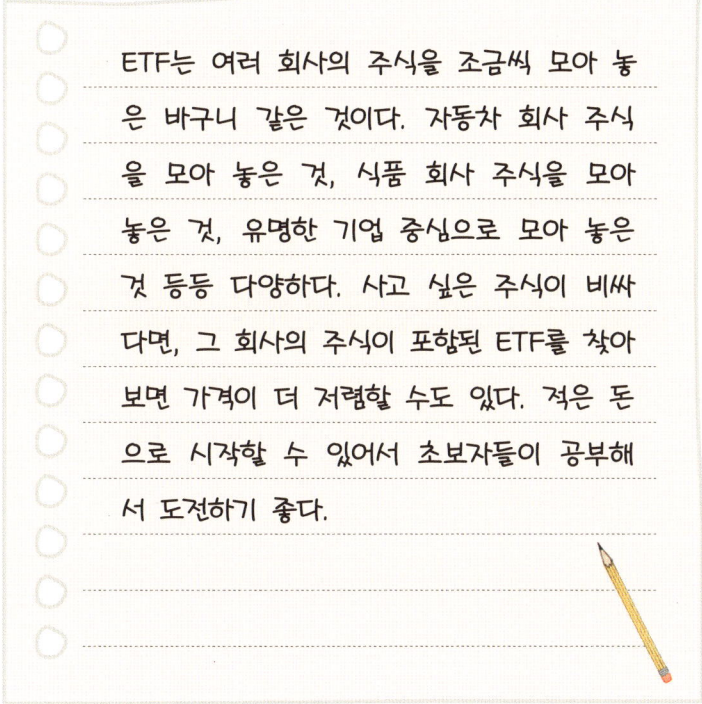

ETF는 여러 회사의 주식을 조금씩 모아 놓은 바구니 같은 것이다. 자동차 회사 주식을 모아 놓은 것, 식품 회사 주식을 모아 놓은 것, 유명한 기업 중심으로 모아 놓은 것 등등 다양하다. 사고 싶은 주식이 비싸다면, 그 회사의 주식이 포함된 ETF를 찾아보면 가격이 더 저렴할 수도 있다. 적은 돈으로 시작할 수 있어서 초보자들이 공부해서 도전하기 좋다.

"대기업 주식을 모아 놓은 ETF를 사면 ○○기업, △△전자, ☆☆산업의 주식을 모두 살 수 있다는 뜻인가?"

도윤이가 고개를 갸우뚱하며 물었다.

"그런 것 같아. 여러 회사의 주식이 모아져 있는 게 ETF인가 봐."

준희가 고개를 끄덕이며 답했다.

"그런데 주식 말고도 다양한 ETF가 있나 봐. 금이나 부동산처럼 가격이 오르락내리락하는 투자 상품은 대부분 ETF가 있대. 어렵지만 재밌는 거 같아."

준희와 도윤이는 계속해서 책을 읽고, 또다시 그 내용을 요약했다.

ETF는 적은 돈으로 여러 주식을 동시에 살 수 있다. 배당금을 주는 ETF도 있는데, 이런 ETF에 투자하면 지속적인 수입을 얻을 수 있다.

"**배당금**은 또 뭐지?"

이번에는 준희가 도윤이에게 물었다.

"이럴 때는 검색해 보면 돼."

도윤이는 핸드폰으로 '배당금'을 검색했다.

"배당금은 회사가 번 이익의 일부를 주식을 산 사람들에게 나누어 주는 거래."

"뭐? 주식을 팔지 않아도 돈을 준다고?"

깜짝 놀란 준희가 핸드폰을 꺼내 직접 배당금을 검색했다.

"정말이네. 배당금은 매월 나오기도 하고, 석 달에 한 번씩 나오기도 하고, 1년에 한 번 나오기도 한대. 회사마다 다른가 봐."

준희가 검색한 내용을 도윤이에게 보여 주며 말했다.

"그럼, 배당금을 주는 ETF에 투자하면 부모님한테 용돈 안 받아도 되려나?"

도윤이는 벌써 배당금을 받는 상상을 했다.

그 후로도 준희와 도윤이는 해가 지는 줄도 모르고 책에 빠져 들었다.

체계적인 수익 관리의 중요성

"진수 이모! 바빠요? 잠깐 통화할 수 있어요?"

진수 이모에게 전화를 한 건택이가 활기차게 물었다.

"건택아, 무슨 일 있니?"

정말 일이 바쁜지 진수 이모의 목소리가 피곤하게 들렸다.

"제가 사업을 시작했는데요, 이모한테도 도움이 될 거 같아서요."

"사업? 건택이 너 아직 초등학생 아니었니?"

건택이는 의아해하는 진수 이모에게 차근차근 자신이 준비한 사업을 소개했다.

"강아지를 대신 산책시켜 준다고? 안 그래도 요즘 너무 바빠서 고민이었는데, 좋네. 언제부터 할 수 있니?"

진수 이모가 흔쾌히 수락하자, 건택이는 함박웃음을 지으며 말했다.

"지금 당장도 할 수 있어요!"

"그럼, 오늘 점심쯤 강아지 산책시켜 주고, 밥도 챙겨 줄 수 있을까?"

"산책 30분에 3,000원입니다. 혹시 주변에 제가 필요한 사람들이 있으면 소문 좀 내 주세요."

"그건 너 하는 거 봐서."

건택이는 진수 이모가 말한 대로 강아지 산책을 시키고, 밥도 챙겨 주었다. 산책하는 모습을 영상으로 찍어서 보내 주기도 했다. 영상을 확인한 이모는 건택이의 계좌로 돈을 입금했다.

"산책 잘 시키네? 종종 이용할게. 그리고 다른 사람한테도 소문낼게."

"고맙습니다, 이모!"

며칠 후 진수 이모의 친구들에게 연락이 왔다. 건택이는 이제 세 마리의 강아지를 매일 고정적으로 산책시켰다. 그 밖에 할머니의 소개로 가끔 산책을 부탁하는 고객들도 있었다. 그런데 돈을 통장으로 받고 그때그때 확인하지 않아서 지금껏 얼마나 벌었는지 잘 가늠이 되지 않았다.

◆◆◆

건택이가 강아지와 함께 공원을 걸으며 지금까지 번 돈을 어떻게 정리해야 할지 고민하고 있을 때였다. 갑자기 신이 난 강아지가 달리기 시작했다. 강아지의 목줄을 쥐고 있던 건택이도 덩달아 달릴 수밖에 없었다. 예기치 못한 상황에 건택이의 주머니에 아슬아슬하게 꽂혀 있던 산책 시간표가 완전히 빠져나와 바람에 실려 날아갔다.

산책 시간표를 찾으러 되돌아온 건택이에게 누군가 종이를 건넸다.

"이거 네 거 같구나."

"아! 감사합니다."

건택이가 종이를 받아 들고 고개를 들자 낯익은 얼굴이 보였다.

"어? 할아버지?"

"누군가 했더니, 너로구나. 얼굴이 까맣게 타서 못 알아봤다. 요즘 축구라도 하는 거냐?"

선글라스 할아버지의 물음에 건택이는 의기양양하게 말했다.

"저 지금 사업하고 있어요."

"사업? 무슨 사업?"

건택이는 빼곡하게 일정이 정리된 종이를 할아버지에게 보여 주며 강아지 산책 사업에 관해 설명했다.

"일정이 이렇게 빼곡하니, 돈을 얼마 벌었는지 정리하지 않으면 안 되겠구나."

할아버지는 주머니에서 볼펜을 꺼낸 다음 산책 시간표 뒷장에 표를 그리기 시작했다. 건택이는 그 모습을 잠자코 지켜보았다.

"날짜를 쓰고 어떤 돈인지 내용을 적는 거란다. 그리고 그게 수입인지 지출인지 적고, 남은 금액을 잔액에 쓰는 거지. 어떠냐? 한눈에 보기 좋지?"

날짜		내용	수입(원)	지출(원)	잔액(원)
월	일				

"네! 정말 그러네요!"

건택이가 눈을 빛내며 고개를 끄덕였다. 할아버지가 그려 준 표를 이용하면 방학 동안 사업으로 얼마를 벌었고, 쓴 돈은 또 얼마인지 쉽게 알 수 있을 듯하였다.

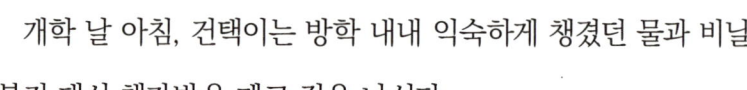

개학 날 아침, 건택이는 방학 내내 익숙하게 챙겼던 물과 비닐봉지 대신 책가방을 메고 집을 나섰다.

1교시 종이 치자 강유재 선생님이 개학식 안내를 한 다음 물었다.

"방학 동안 무슨 일이 있었는지 말해 볼 사람 있나요?"

다들 머뭇거릴 때 건택이가 번쩍 손을 들었다.

"저는 강아지 산책하는 사업을 했어요."

건택이는 사업을 하면서 작성한 기록을 아이들에게 보여 주었다. 번 돈과 쓴 돈이 모두 적혀 있었다.

날짜		내용	수입(원)	지출(원)	잔액(원)
월	일				
7	30	호야 아침 산책	3,000		3,000
7	31	호야, 해피 산책	6,000		9,000
7	31	아이스크림		1,500	7,500
⋮	⋮	⋮	⋮	⋮	⋮
8	15	해피, 꼬미 산책	6,000		120,000

"할머니와 이모의 강아지를 산책시키다가 소개를 받아서 더 많은 강아지를 산책시켰어요. 30분에 3,000원으로 가격을 정했고, 방학 동안 12만 원 정도 벌었어요. 그런데 개학 3일 전에 아파서 예약된 산책을 취소하고 돈을 다시 돌려줘야 했어요."

건택이의 목소리가 마지막에는 조금 작아졌다. 강유재 선생님과 반 친구들은 건택이에게 박수를 보냈다.

"건택이가 혼자 사업하기가 힘들었나 보네요. 그래도 12만 원이나 벌었다니 대단해요. 게다가 12만 원 이상의 경험을 한 것처럼 보이네요!"

선생님의 칭찬에 건택이가 머쓱하게 웃었다. 다음으로 도윤이기 손을 들었다.

"저는 준희랑 도서관에 가서 ETF를 공부했어요."

"ETF가 무엇인지 친구들에게 설명해 줄 수 있나요?"

"ETF는 여러 경제지표와 연동해서 가격이 결정되는 상품인데, 이를 통해 유명한 기업의 주식을 여러 개 살 수 있어요!"

도윤이가 의기양양하게 말했다.

"ETF 중에는 배당금을 주는 것도 있어요. 배당금은 회사에서 번 돈 중 일부를 주식을 산 사람들에게 주는 건데, 매월 주는 경우도 있대요."

준희가 침착하게 덧붙였다.

"우와, 준희와 도윤이가 정말 열심히 공부했네요. 그럼, 또 누가 이야기해 볼까요?"

"저는 보험을 공부했어요!"

이번에는 지아가 당차게 손을 들고 발표했다.

"저희 엄마가 보험 설계사시거든요! 살면서 갑자기 아플 수도 있고, 해고될 수도 있기 때문에 보험을 들어야 한다고 하셨어요. 보험에는 크게 생명보험과 손해보험이 있어요. 생명보험은 병에 걸리거나 생명을 잃었을 때 돈을 받을 수 있는 거고요. 손해보험은 교통사고로 다치거나, 홍수나 화재로 손해를 봤을 때 돈을 받을 수 있는 거예요."

"지아가 보험을 정말 열심히 공부했군요."

지아의 설명에 강유재 선생님이 눈을 빛내며 칭찬했다.

7~8월에 배우는 경제 용어

모의 투자 가짜로 투자 상황을 만들어서 연습하는 것을 말합니다. 모의 투자를 해 볼 수 있도록 인터넷에 사이트를 만들어 놓은 증권회사가 여럿 있습니다. 그곳에서 가짜 돈으로 가짜 돈을 벌기도 하고 잃기도 하면서 투자 연습을 할 수 있어요.

마케팅 사람의 마음을 움직여서 물건을 사고 싶게 만들거나, 어떤 서비스를 이용하고 싶게 이끄는 일을 말합니다. 우리가 일상에서 흔하게 볼 수 있는 광고가 마케팅의 가장 대표적인 예시입니다.

가족관계증명서 가족이라는 것을 증명하는 서류를 말합니다. 어린이는 신분증이 없기 때문에 통장을 만들 때도 보호자의 동의가 필요해요. 이때 어린이 여러분이 보호자의 가족이라는 것을 보여 주는 서류가 바로 가족관계증명서입니다.

배당금 회사가 번 돈의 일부를 주식을 산 사람들에게 나누어 주는 것을 말합니다. 주식을 많이 가지고 있을수록 더 많은 배당금을 받을 수 있어요. 배당금을 주는 시기는 회사마다 다른데, 1년에 네 번으로 나누어 주기도 하고 매월 주기도 해요.

경제지표 특정 경제 현상을 통계적으로 표현한 것을 말해요. 물가, 주식 등도 각각 경제지표로 나타낼 수 있답니다. 이러한 경제지표를 통해 경제 상황을 확인하고, 앞으로의 경제를 예측할 수 있어요.

7~8월의 활동

여름방학에 복습해 보고 싶거나 새롭게 공부하고 싶은 경제활동을 한 가지 정한 다음, 실천 계획을 구상해 보세요.

경제활동:

공부하고 싶은 이유:

실천 계획:

여름방학 동안 복습하거나 새롭게 공부한 내용을 정리하고, 느낀 점을 적어 봅시다.

7장. 9월의 경제 교실

일자리를 잃었어요

(보험)

보험이 필요한 이유

"여러분, 보험이란 무엇이죠?"

강유재 선생님의 질문에 아이들이 잠시 생각에 잠겼다.

"위기의 순간을 대비하는 거요!"

지아가 손을 들고 말했다.

"맞아요. 위기의 순간은 누구에게나 찾아올 수 있어요. 보험은 바로 그 위기에 대비하기 위해 미리 돈을 모아 두었다가 갑자기 사고를 당한 사람에게 몰아주는 겁니다. 보통 보험 회사를 통해 계약할 수 있어요. 보험 계약을 하면 주기적으로 일정한 금액을 내고, 나중에 병에 걸리거나 재해를 당했을 때 큰돈으로 돌려받을 수 있답니다."

돈을 빌린다는 말에 아이들의 눈이 빛났다.

"그렇다면, 4대 보험에 관해서는 들어봤나요?"

> 국민연금, 건강보험, 고용보험, 산재보험

강유재 선생님이 칠판에 4대 보험을 각각 적었다.

"이렇게 네 가지를 4대 보험이라고 해요. 지난번에 지아가 일반적인 보험의 종류를 이야기해 주었는데요. 그 외에 우리나라에서는 일을 하는 근로자에게 네 개의 보험을 필수적으로 들게 한답니다."

선생님은 지아를 향해 눈을 찡긋한 다음 설명을 이어 갔다.

"18세 이상 60세 미만의 국민이라면 누구나 매달 국민연금을 낼 수 있어요. 국민연금공단에서는 이 돈을 잘 관리해서 나중에 은퇴하고 돈을 벌지 못하는 시기에 다달이 일정 금액을 돌려줍니다."

몇몇 친구들은 놀라워하고, 몇몇 친구들은 공책에 필기를 하기 시작했다.

"다음은 건강보험입니다. 건강보험은 여러분이 아파서 병원에 갈 때, 돈을 많이 내지 않게 해 주는 보험입니다. 건강보험은 소득에 따라 돈을 더 많이 내기도 하는데, 돈을 적게 내든 많이 내든 혜택은 모두에게 공평하게 제공됩니다. 이게 없으면 형편이 어려운 사람들이 치료를 제때 받지 못할 수 있답니다. 건강보험은 국민의 기본적인 안전을 보장하는 보험이죠."

익숙한 건강보험에 대한 설명이 이어지자, 대부분 고개를 끄덕였다.

"고용보험은 일자리를 잃었을 때 경제 지원을 해 주는 보험입니다. 새로운 일자리를 구할 때까지 최대 240일을 지원하고, 원래 받던 월급의 60퍼센트를 받을 수 있어요. 이 돈을 실업 급여라고 불러요. 보통 6개월 넘게 일을 해야 받을 수 있는데, 여러분도 한 학기 동안 1인 1역을 했으니 우리 경제 교실의 고용보험 대상자가 될 수 있겠네요."

아이들은 고용보험을 들 수 있다는 말에 눈을 반짝였다.

"고용보험은 보통 직원의 월급에서 1퍼센트, 사장님이 1퍼센트, 이렇게 낸답니다."

"사장님도요?"

윤슬이의 질문에 선생님이 고개를 끄덕였다.

"마지막은 산재보험입니다. 산재보험은 일을 하다가 다치거나 병이 생겼을 때, 회사가 전액 부담하는 보험입니다."

강유재 선생님의 설명이 모두 끝나자 도윤이가 손을 번쩍 들었다.

"선생님, 그럼 우리도 고용보험이 있나요? 직업을 잃은 친구가 없어서 안 되나요?"

"음…… 아직 직업을 잃은 친구는 없지만, 2학기에는 어떻게 될지 모르니까 1인 1역을 하거나 사업에 고용되어 일하는 모든 사람은 고용보험을 들도록 하겠습니다. 매일 번 돈의 1퍼센트를 고용보험으로 넣는 겁니다. 고용보험에 관한 업무를 하려면 1인 1역을 추가해야겠네요."

새로운 1인 1역이 생긴다는 말에 눈을 빛내는 친구도 있고, 고용보험으로 1퍼센트의 돈을 내야 한다는 말에 한숨을 쉬는 친구도 있었다.

"그럼 직업을 잃었을 때, 얼마 동안 얼마의 돈을 받는 게 좋을까요?"

윤슬이는 잠시 고민하더니 손을 들었다.

"매주 금요일마다 이직할 수 있는 기회가 있으니까, 5일 정도 어떨까요? 월요일에 직업을 잃을 수도 있으니까요."

윤슬이의 제안에 다른 아이들도 고개를 끄덕였다.

"실제 고용보험처럼 원래 받던 일급의 60퍼센트만 주는 게 좋겠어요. 5일 안에 직업을 가지면 그만 주는 것으로 하고요."

도윤이가 이어서 말했다. 이번에도 아이들은 고개를 끄덕였다.

"그럼, 1인 1역을 추가해서 다시 공지하겠습니다. 방학 전까지 했던 1인 1역과 사업 다 기억하고 있죠? 2학기에도 경제 교실을 계속 이어 가겠습니다."

"네!"

얼마 후 강유재 선생님은 새롭게 수정된 1인 1역을 공지했다.

우리 반 1인 1역

역할	할 일	일급
게시판 우체부(1명)	게시판 작품 갈아 끼우기	1,000원
꼼꼼이(4명)	다른 친구들이 1인 1역을 잘했는지 확인하기	1,500원
화분 담당(1명)	학급 화분에 물 주기	500원
뒷문지기(1명)	① 수업 시간 전에 뒷문 닫기 ② 교실 이동할 때 선풍기, 온풍기, 전등 끄고 뒷문 잠그기	1,000원
문구 관리 요원(1명)	쉬는 시간에 연필깎이 꺼내 놓기	1,200원
분리수거 관리자(1명)	분리수거함 비우고 일반 쓰레기 버리기	1,300원
수합 비서(1명)	학습지, 책 등의 수거와 정리 돕기	1,300원

가통 우체부(1명)	가정통신문 가져오기	1,200원
앞문지기(1명)	① 수업 시간 전에 앞문 닫기 ② 교실 이동할 때 선풍기, 온풍기, 전등 끄고 앞문 잠그기	1,000원
우산 관리자(1명)	우산함 관리하기	700원
은행원(4명)	① 1인 1역을 잘 수행했는지 확인해서 일당 주기 ② 저축 및 대출 관리	1,700원
의사(1명)	아침마다 창문을 열어 교실 환기하고, 작은 상처에 반창고 붙여 주기	1,300원
청소 반장(1명)	점심 먹기 전에 청소 검사하기	1,200원
칠판 담당(1명)	쉬는 시간마다 칠판 청소하기	1,300원
환경미화원(1명)	청소 도구함 정리하기	1,200원
보험사(2명)	① 근로자(각각의 1인 1역 담당자 및 사업에 고용된 사람)의 일급에서 고용보험료 1% 가져가기 ② 사업가가 고용한 사람에게 주는 일급의 1%만큼 사업가에게 고용보험료 가져가기	1,300원

- 물가를 반영하여 일급이 올랐습니다.
- 이직은 매주 금요일에 신청할 수 있습니다.
- 고용보험으로 5일간 원래 받던 일급의 60%를 지급받을 수 있습니다.

지출 목록

내용	금액
급식 우선권(하루에 최대 3명까지 사용 가능)	21,000원
필기도구 1개 구매	10,500원
아침 음악 선택권(1곡당)	3,150원
청소 면제권(일주일에 1명만 구매 가능)	31,500원
선생님과 영화관 나들이	210,000원
수업 중 화장실 이용권	10,000원
아이스크림	60,000원
미니 초콜릿	7,000원
막대 사탕	9,000원

"고용보험은 일하는 모든 사람에게 적용됩니다. 보험사로 일하고 싶은 친구들은 선생님한테 지원해 주세요. 단, 지원자가 많을 경우 1학기 수학 점수에 따라 선발하겠습니다."

선생님의 말이 끝나자 아이들은 모두 1인 1역으로 우르르 몰려들었다.

"우와, 1인 1역 일급이 많이 올랐어!"

"지출 목록도 다양해졌어. 이제 아이스크림도 먹을 수 있나 봐."

아이들은 1학기에 하던 1인 1역을 이어서 하기 시작했다. 준희는 여전히 분리수거 관리자로 맡은 일을 열심히 했다. 도윤이와 건택이도 각각 슬라임 사업과 청소 사업을 하면서 문구 관리 요원과 환경미화원 일을 함께했다. 윤슬이는 1인 1역을 하는 대신 수학 문제 풀이 사업에 더욱 집중했다. 그리고 우산 관리자로 일하던 서아와 의사로 일하던 리준이가 보험사로 직업을 바꿨다.

실업 급여를 받으며 이직을 준비하자

금요일에 강유재 선생님은 이직 신청을 받았다.

"우산 관리자와 의사 자리가 비는데, 혹시 하고 싶은 사람 없나요?"

아무도 손을 들지 않았다.

"다음에 이 일을 하고 싶은 사람도 없나요?"

이번에도 손을 드는 사람은 없었다.

"이 직업은 하고 싶은 사람이 없으니 삭제하겠습니다. 삭제된 직업은 다시 생기지 않습니다. 그래도 괜찮나요?"

아이들은 별로 상관없다는 얼굴로 크게 대답했다.

"네!"

강유재 선생님은 1인 1역에서 두 직업을 지워 버렸다.

다음 월요일이 되자마자 문제가 발생했다. 와장창하는 소리와 함께 아이들이 비명을 질렀다. 건택이와 우진이가 장난을 치다가 학급 화분을 쓰러뜨려서 깨져 버렸다. 그때 화분 담당인 지아가 교실로 들어오면서 그 모습을 목격했다.

"화분!"

지아는 깨진 화분을 우울하게 바라보았다.

"지아 어떡해? 앞으로 1인 1역 못하겠다."

준희가 도윤이에게 귓속말로 이야기했다. 도윤이는 준희의 말을 듣고 깜짝 놀랐다. 아무도 다치지 않았다고 안심했는데, 지아가 직업을 잃게 된 것이다.

강유재 선생님은 깨진 화분과 흙을 치우고, 교실에서는 서로 다치지 않게 조심하라고 주의를 주었다.

"학급 화분이 깨져서 지아가 화분 담당으로 활동할 수 없게 되었어요."

첫 실직 소식에 아이들은 다소 놀란 눈치였다. 하루아침에 갑자기 직장을 잃을 수도 있다는 사실이 충격적이었다. 다행히 고용보험 덕에 지아는 매일 300원을 받게 되었다.

"지아야, 미안해. 우리 때문에 1인 1역 못 하게 되어서……."

건택이와 우진이는 지아에게 사과했다.

"괜찮아. 그래도 300원은 받잖아. 그걸로 다시 일자리를 구할 때까지 버텨 볼게."

지아는 오히려 건택이와 우진이를 달랬다.

◆◆◆

　문제는 금요일에 다시 발생했다. 다행히도 지아는 수합 비서로 이직에 성공했지만, 분리수거 관리자였던 준희가 일자리를 잃었다.

　준희도 고용보험을 들었으니 실업 급여를 받았다. 하지만 준희는 다음 금요일에도 이직에 실패했다. 도윤이의 슬라임 사업이나, 건택이의 청소 사업, 윤슬이의 수학 문제 풀이 사업에서 같이 일해 보려고 했지만 물가가 오르고 일급이 상승해서 새로운 직원을 뽑을 상황이 되지 않았다.

　"준희야, 미안해."

　같이 일하지 못해서 미안하다는 친구들에게는 괜찮다고 말했지만, 지난주에 실업 급여를 다 받아서 더 지원을 받을 수 없었다. 다들 1인 1역과 사업으로 바쁘다 보니 준희만 경제 교실에서 소외되는 기분이었다.

　강유재 선생님은 준희를 따로 조용히 불렀다.

　"준희야, 다른 역할을 하기 전까지 이걸 해 보면 어떻겠니?"

　선생님이 내민 종이에는 '일일 일자리'라고 적혀 있었다.

일일 일자리

역할	할 일	일급
신발장 담당	체육 수업 끝나고 신발장 정리	600원
요기요	친구의 급식을 대신 배식 받아서 전달(1개당)	300원 (신청한 친구에게 받기)
간식 배식 담당	급식에 개별 포장된 간식이 나오면 반 친구들에게 하나씩 나누어 주기	600원
창틀 정리	창틀에 있는 먼지 닦기	550원
책상 닦기	수업 시작 전이나 방과 후에 소독포로 교실 책상 닦기	650원

준희는 찬찬히 일일 일자리를 살펴보았다. 그렇게 힘든 일은 아닌 것 같았다.

"이 일은 일자리를 찾지 못한 사람만 할 수 있고, 하루만 할 수 있는 일이야. 연속으로 같은 일을 할 수는 없어. 어때? 한번 해 볼래?"

선생님의 제안에 준희는 고개를 끄덕였다.

"일단 신발장 담당부터 해 볼래요."

"그래, 그러자."

강유재 선생님은 반 전체에 일일 일자리를 공지했다. 아이들은 준희처럼 일일 일자리를 유심히 살펴보았다. 잘하면 1인 1역보다 돈을 더 벌 수도 있을 듯했다. 무엇보다 일자리가 하나 부족한 상황이라 매주 실직자가 나올 수밖에 없기 때문에 모두 일일 일자리를 반겼다.

준희는 다행히 금요일에 청소 반장이 되어서 새로운 일자리를 찾았다. 하지만 매주 일자리를 찾지 못하는 친구가 나왔고, 아이들은 돌아가면서 고용보험을 통해 실업 급여를 받으며 이직을 준비했다.

9월에 배우는 경제 용어

4대 보험 고용보험, 건강보험, 국민연금, 산재보험을 뜻해요. 국민의 기본적인 건강과 행복을 보장하기 위한 보험들이에요. 직장에 다니게 되면 이 4대 보험에 가입하게 됩니다. 보험금은 사장님과 직원이 나누어서 냅니다. 직원은 월급의 약 9퍼센트를 내고, 사장님은 직원에게 주는 월급의 약 10퍼센트에 해당하는 돈을 내요.

국민연금 돈을 벌 수 있는 능력이 없어졌을 때를 대비한 보험입니다. 60세까지 꾸준히 돈을 내고, 나이가 들어서 더는 일을 할 수 없게 되었을 때나 갑작스러운 사고나 병으로 장애를 입거나 죽었을 때 매월 일정한 돈을 받을 수 있습니다. 국민연금은 평생 지급되며, 물가가 오른 것을 반영해서 돈이 나온답니다.

건강보험 사고가 나거나 아플 때를 대비한 보험입니다. 부상이나 질병으로 큰 병원비가 나가는 것을 막기 위해 평소 보험료를 내서 돈을 모아 두고, 국민건강보험공단이 보험금을 관리해서 필요한 국민에게 줍니다. 직장에서 건강보험에 가입하면 직원은 월급에서 약 4퍼센트를 내고, 사장님은 직원에게 주는 월급의 약 4퍼센트에 해당하는 돈을 낸답니다.

고용보험 일자리를 잃었을 때를 대비한 보험입니다. 직원은 월급에서 0.9퍼센트를 내고, 사장님은 직원에게 주는 월급의 1.15퍼센트에 해당하는 돈을 낸답니다. 직원이 일자리를 잃었을 때 이 돈을 받게 되는데, 그것을 '실업 급여'라고 해요.

실업 급여 '실업'이란 일할 능력과 의지가 있지만, 일자리를 얻지 못한 상태를 말합니다. 이러한 사람이 일자리를 구할 때까지 돕기 위해 주는 돈이 바로 실업 급여입니다. 대신 해고된 직장에서 일한 기간이 180일 이상이어야 받을 수 있습니다. 일한 기간이 180일을 넘어도 이직 등을 하기 위해 스스로 일을 그만두었을 때는 받을 수 없어요.

산재보험 일하다가 다치거나 병에 걸렸을 때를 대비한 보험입니다. 일하다가 부상을 입거나 병에 걸린 사람과 그 가족의 생활을 돕기 위해 국가가 보상해 주는 제도입니다. 직원은 돈을 내지 않고, 사장님만 직원에게 주는 월급의 0.96퍼센트에 해당하는 돈을 낸답니다.

실직 직업을 잃는 것을 말해요. 스스로 그만두는 것이 아니라, 해고를 당했거나 회사가 사업을 중단해서 일자리가 사라지는 등의 이유로 그만두게 되었을 때 실직이라고 합니다.

9월의 활동

우리는 혹시 모를 손해와 사고에 대비해 보험에 가입합니다. 4대 보험을 포함하여 우리 사회에 존재하는 다양한 보험의 종류를 찾아보고, 각각의 보험이 어떤 역할을 하는지 정리해 보세요.

보험의 종류	역할

8장. 10~11월의 경제 교실

내 자리는 내가 정해요
(부동산 경매와 임대)

부동산은 어떻게 살 수 있을까?

아침부터 교실의 분위기가 잔뜩 들떠 있었다. 자리를 바꾸는 날이었기 때문이다. 윤슬이는 물끄러미 연서를 바라보았다. 연서와는 10월이 다 되도록 제대로 대화를 나누지 못했다. 다정한 말투의 연서는 발표도 자주 하고 자신감이 넘쳤다. 하지만 근처에 앉은 적도 없고 모둠 활동을 함께한 적도 없어서 먼저 말을 걸기 어려웠다. 새롭게 바뀐 자리가 연서랑 가까우면 좋을 것 같다는 생각이 들었다.

"오늘은 제비뽑기가 아니라 조금 특별한 방식으로 자리를 바꿀 거예요."

강유재 선생님의 말에 아이들의 관심이 집중되었다.

"학급 화폐로 여러분이 원하는 자리를 살 수 있습니다!"

"어? 그러면 앉고 싶은 자리에 앉을 수 있나요?"

도윤이가 다소 흥분한 목소리로 질문했다.

"원하는 자리를 산다면 그렇겠죠?"

원하는 자리에 앉을 수 있다는 설렘이 교실에 퍼지기 시작했다. 친한 친구와 같이 앉을 생각에 아이들은 한껏 들떴다.

"오늘은 자리가 부동산이 될 겁니다. 여러분 부동산이 무엇인지는 알고 있죠?"

"집이요!"

건택이가 크게 외쳤다.

"맞아요. 집을 포함해서 건물이나 땅 같은 것을 부동산이라고 합니다. 부동산이란 '움직이지 않는 재산'이라는 뜻이에요. 그럼, 부동산 가격은 어떻게 결정될까요?"

"팔고 싶은 사람 맘대로 정하는 거 아닌가요?"

이번에는 윤슬이가 답했다.

"부동산 가격이 결정되는 이유는 복합적이에요. 사람들은 교통이 편리하고, 공원과 마트 같은 시설이 근처에 있고, 직장이나 학교가 멀지 않은 곳에 살고 싶어 해요. 그래서 똑같은 크기의 집도 어디 있는지에 따라 가격이 달라진답니다. 아무래도 많은 사람이 원하는 환경이 잘 갖추어진 곳의 부동산이 비싸겠죠?"

한껏 집중한 아이들을 바라보며 강유재 선생님이 말을 이었다.

"환경에 의해 어느 정도 가격이 형성된 부동산의 정확한 금액은 파는 사람과 사는 사람의 협상을 통해 결정됩니다. 파는 사람이 터무니없이 비싼 가격을 부르면 사려는 사람이 없을 테고, 사는 사람이 싼 가격을 원하면 팔려는 사람이 없을 겁니다. 그렇다면 새로 지어서 아직 주인이 없는 아파트 같은 부동산은 어떻게 거래될까요?"

아이들의 얼굴에 궁금증이 떠올랐다.

"아파트를 만든 곳에서 얼마에 판다고 가격을 걸고, 사고 싶은 사람을 모집합니다. 이것을 분양이라고 해요. 하지만 우리는 분양 대신 경매로 자리를 살 거예요. 경매는 사려는 사람들이 모여서 얼마에 사겠다고 경쟁하는 거예요. 실제로 부동산을 경매로 살 수도 있어요."

경매라는 말에 교실이 술렁거리기 시작했다.

"자리를 바꾸기 전에 먼저 경매 방식이 무엇인지 알아야겠죠? 선생님이 어떤 자리를 얼마의 가격에 살 생각이 있는지 물어볼 거예요. 그때 살 생각이 있는 친구들은 손을 듭니다. 이걸 응찰이라고 해요. 손을 든 친구가 두 명 이상이면 가격을 조금 높여서 다시 부릅니다. 이때도 손을 든 친구가 두 명 이상이면 또다시 가격을 높여서 부릅니다. 이런 식으로 단 한 명만 남을 때까지 계속 가격을 높여 부릅니다. 마지막에 남은 한 명의 친구가 부른 가격에 맞는 돈을 내면 그 자리를 살 수 있습니다. 이걸 낙찰이라고 해요."

가만히 듣던 건택이가 손을 들었다.

"선생님, 돈만 있으면 여러 자리도 살 수 있나요?"

"물론입니다. 한 명이 여러 개의 자리를 살 수도 있습니다. 그럼 자리가 없는 친구도 생기겠죠? 그래서 여러 개의 자리를 가진 친구는 자리를 빌려주고 임대료를 받을 수 있습니다."

선생님의 설명을 들은 건택이가 슬며시 미소를 지었다. 건택이는 자리를 잔뜩 사서 원하는 친구들과 앉아야겠다고 생각했다. 그때 종이 치면서 점심시간이 되었다.

"자리 경매는 점심시간 다음에 시작하겠습니다."

다들 분주하게 급식 먹을 준비를 하는 동안에도 건택이는 가깝게 앉고 싶은 친구들을 추리느라 바빴다. 피시방으로 우정을 다진 도윤이, 수학 문제를 많이 알려 준 윤슬이, 같이 경제 공부를 한 준희가 역시 가장 먼저 떠올랐다. 이 친구들이 자리를 못 사면 싸게 빌려주어야겠다고 마음먹었다. 하지만 화폐 기입장을 확인해 보니 지금 가진 돈으로는 여러 자리를 사기 힘들 것 같았다. 건택이는 대출 신청서를 급히 작성한 다음 은행원 친구가 밥을 다 먹자 바로 달려갔다.

"도윤아, 너는 어느 자리를 사고 싶어?"

"일단 맨 뒷자리는 칠판이 잘 보이지 않아서 피하고 싶어. 선생님에게 질문하기 편한 첫째 줄이나 둘째 줄에 앉고 싶은데…… 근처에 친한 친구나 새로 친해지고 싶은 친구가 있으면 더 좋겠지? 윤슬이 너는?"

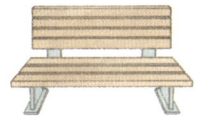

"나도 비슷한데, 난 창가 쪽에 앉고 싶어. 바깥 풍경 바라보는 재미가 있어서 좋더라."

"날씨가 쌀쌀해져서 창가 쪽은 춥지 않을까? 히터에 가까우면서 창밖을 볼 수 있는 자리는 어때?"

"그것도 좋겠다. 근데 다들 비슷한 생각을 하고 있지 않을까?"

"에이, 지금 우리 반에서 윤슬이 너보다 돈을 많은 모은 사람은 없을걸?"

도윤이의 말을 들은 윤슬이는 조금 안심이 되었다. 역시 따뜻한 자리가 좋을 것 같았다. 도윤이는 다시 여기저기 돌아다니며 친구들의 생각을 물었다.

"윤슬아, 앉고 싶은 자리 정했어?"

어느새 다가온 준희가 윤슬이에게 물었다.

"내가 선택할 수 있다면 두 번째 줄에 히터 가까운 자리에 앉고 싶어."

"오! 나도 그 자리 생각했는데. 우리 모둠에서도 다들 그 자리가 좋다고 하더라."

"역시 그렇구나. 다들 원하는 자리가 비슷한 것 같아."

"맞아. 일단 두 번째 줄 히터 근처 자리가 가장 비쌀 거 같아. 혹시 앞문 근처 두 번째 줄은 어때? 저기 두 자리에 같이 앉으면 딱 일 거 같은데……. 문이랑 가까워서 화장실 가기도 편하고!"

"같이 앉을 수 있으면 좋겠지만, 자리 가격을 몰라서 아직 결정을 못하겠어."

"저 두 자리는 모둠에서도 별 얘기가 없었어. 아마 싸게 살 수 있을 거 같아."

"일단 예산에 맞는 가격이라면 생각해 볼게."

"좋아. 생각해 보고 알려 줘!"

준희가 다른 친구들과 의견을 나누는 모습을 보며 윤슬이는 공책을 꺼냈다.

- ✓ 인기 있는 자리는 사람이 몰려서 가격이 올라간다.
- ✓ 인기 있는 자리는 이유가 있다. 창가이거나, 다른 자리보다 따뜻하거나, 문과 가까워 이동이 편리하거나, 선생님의 수업을 듣기 좋은 자리다.

윤슬이는 방금 필기한 내용을 뚫어져라 바라보았다. 작년 사회 시간에 배운 '입지'와 비슷해 보였다. 따뜻하거나 창가와 가까운 위치는 기후 또는 지형으로 볼 수 있을 것 같았다. 문과 가까운 자리는 교통이 편리하다고 할 수 있고, 선생님과 가까운 자리는 교육 여건이 좋다고 할 수 있었다. 주변 친구들을 환경으로 생각하면 거의 일치했다. 윤슬이는 5학년 때 배운 내용을 바탕으로 각각의 자리를 살펴보며 장단점을 정리하고 가격이 비쌀 것 같은 자리를 헤아려 보았다.

> **6번 자리** / 교통(2) / 교육(5) / 편의 시설(2) / 지형(3) / 주변 환경(4)
> 첫째 줄이라서 수업 들을 때 칠판이 잘 보임. 선생님과 눈 마주치면서 수업을 들을 수 있음. 문에서는 멀어서 화장실 갈 때 조금 불편함. 수업에 집중하고 싶은 친구들에게 인기가 있을 것 같음.

○(10번 자리) 교통(2) / 교육(1) / 편의 시설(1) / 지형(2) / 주변 환경(2)
둘째 줄 맨 뒷자리라서 칠판이 잘 보이지 않음. 그렇다고 창밖을 볼 수 있는 자리도 아니라서 인기가 없을 것 같음. 뒤에 지나다니는 사람과 부딪힐 수 있어 불편해 보임.

○(23번 자리) 교통(3) / 교육(3) / 편의 시설(1) / 지형(2) / 주변 환경(4)
셋째 줄 구석 자리로 문과 적당히 떨어져 있고, 옆이 벽이라서 특별히 인기가 있을 것 같은 자리는 아님. 대신 친한 친구들과 모여 앉기 좋아 보임.

경매로 사는 내 자리

"자리 경매를 시작하겠습니다."

윤슬이는 준희와 함께 앉는 것도 좋지만, 선생님과 가까운 자리에 앉고 싶어서 6번 자리에 입찰하기로 했다. 윤슬이는 자리를 분석한 공책을 내려다보며 의욕을 불태웠다.

"자리는 무작위로 뽑은 순서에 따라 경매하겠습니다. 첫 번째 자리로 10번 자리가 나왔습니다. 시작가는 1만 원입니다. 경매에 참여할 친구는 손을 들어 주세요."

윤슬이의 예상대로 아무도 손을 들지 않았다. 윤슬이는 원하는 자리는 아니지만 손을 들어 볼까 잠시 고민했다. 모두가 눈치만 보고 있던 그때 누군가 손을 들었다.

"저요!"

건택이었다.

"건택이가 1만 원에 손을 들었습니다. 더 이상 응찰자가 없으면 세 번 호가하고 마무리하겠습니다."

여전히 눈치를 보며 아무도 손을 들지 않았다.

"1만 원……. 1만 원……. 1만 원! 낙찰되었습니다!"

박수가 울려 퍼졌다. 첫 경매의 짜릿함과 함께 점점 열기가 더해져 갔다. 이어진 두 번째 경매에서도 건택이는 손쉽게 자리를 가져갔다. 다른 친구들이 눈치를 보면서 어떤 자리를 살지 고민하는 동안, 건택이는 비교적 적은 돈으로 벌써 두 자리를 차지했다.

경매가 무르익으면서 자리는 하나둘 주인을 찾아갔다.

이제 남은 자리는 단 두 개뿐이었다.

"이제 두 자리 남았습니다. 남은 자리는 6번과 24번 자리뿐이네요. 6번 자리부터 경매 시작하겠습니다. 시작가는 역시 1만 원입니다."

드디어 윤슬이가 기다리던 자리가 나왔다. 하지만 윤슬이가 손을 들기 무섭게 다른 친구들도 손을 들었다. 시작부터 건택이가 일곱 자리를 내리 사 버리는 바람에 아직 자리가 없는 사람이 많았다. 갑작스러운 6번 자리의 인기에 윤슬이의 마음은 조급해졌다.

"1만 2,000원. 1만 5000원. 2만 원……. 이제는 5,000원씩 올라갑니다. 2만 5,000원!"

자릿값이 점점 올라가자 윤슬이는 불안해졌다. 하지만 가격은 멈출 기미가 보이지 않았다. 그때 연서가 손을 들었다.

"3만 원 나왔습니다!"

선생님의 외침에 모든 학생이 연서를 바라보았다. 예상치 못한 큰 금액에 모두 할 말을 잃고 조용해졌다.

"3만 원에서 더 이상 없으면 세 번 호가하고 마무리하겠습니다. 3만 원. 3만 원. 3만 원! 낙찰입니다!"

"와아!"

"전 재산 다 쓴 거 아냐?"

아이들의 함성과 웅성거림이 여기저기서 들렸다. 윤슬이가 가진 돈의 절반 정도를 투자했다면 지금 6번 자리의 주인이 되었겠지만, 그렇게 큰돈을 써도 될 만한 가치가 있는 자리인지 의문이 들어 선뜻 투자하지 못했다. 결국 윤슬이와 도윤이를 비롯해 몇몇 친구들은 자리를 구하지 못했다.

"이상으로 자리 경매를 마치겠습니다."

"선생님! 자리를 못 구한 사람은 어떡해요?"

초조함을 느낀 도윤이가 재빨리 질문했다.

"자리가 없는 사람은 자리가 많은 친구에게 빌리면 됩니다. 이걸 **임대**라고 해요. 자리를 빌릴 때는 자리 주인에게 임대료를 내야 합니다."

"임대료는 얼마나 내야 해요?"

이번에는 윤슬이가 궁금함을 참지 못하고 물었다.

"임대료는 낙찰된 가격의 50퍼센트까지 받을 수 있습니다."

강유재 선생님은 경매를 진행하면서 정리한 각 자리의 낙찰가를 화면에 띄웠다.

1번 15,000원 민찬	6번 30,000원 연서	11번 15,000원 하린	16번 17,000원 태민	21번 14,000원 하율
2번 14,000원 준희	7번 15,000원 민지	12번 12,000원 연주	17번 11,000원 건택	22번 10,000원 건택
3번 26,000원 서윤	8번 10,000원 지아	13번 10,000원 선우	18번 12,000원 건택	23번 17,000원 서진
4번 15,000원 리준	9번 18,000원 서아	14번 14,000원 우진	19번 16,000원 지은	24번 18,000원 지아
5번 10,000원 건택	10번 10,000원 건택	15번 10,000원 건택	20번 10,000원 건택	

"임대료는 한 달에 한 번씩 내야 해요. 낙찰가의 50퍼센트보다 싸게 받을 수는 있지만, 그보다 비싸게 받을 수는 없습니다. 구체적인 가격은 자리 주인과 정하도록 합시다. 자리를 빌려야 하는 친구들은 교탁 위에 있는 임대 계약서를 가져가서 자리 주인의 서명을 받고 제출하면 됩니다. 임대인은 자리 주인이고, 임차인은 자리를 빌리는 사람이에요."

임대 계약서

소재지 (책상 위치)	번 자리		
임대료	금	원정은 (선불/후불)로 매주	요일에 지불한다.
임대인	이름:		(인)
임차인	이름:		(인)

윤슬이는 임대 계약서를 챙겼다. 아무래도 자리가 많은 건택이에게 가야 할 거 같았다.

쉬는 시간이 되자, 건택이 주변으로 친구들이 몰려들었다.

"건택아, 17번 자리 나랑 계약하면 안 돼?"

"윤슬아 잠깐만. 나도 그 자리 계약하고 싶어."

"도윤이 너도? 근데 나 요즘 시력이 나빠져서 너무 뒷자리는 칠판이 잘 안 보여."

"어? 나도 17번 자리 앉고 싶은데!"

이번에는 도윤이 옆에 선 하은이가 말했다.

"건택아, 나도 17번에 앉고 싶어. 이제부터 맘 잡고 공부하려고! 여기 앉게 해 주면 내가 게임 레벨 올려 줄게!"

찬우의 말에 건택이의 눈동자가 흔들렸다. 게임도 잘하지만 싸움도 잘하는 찬우의 말에 건택이는 결국 고개를 끄덕였다.

"야!"

"야!"

도윤이와 윤슬이가 동시에 소리쳤다.

"대신 임대료는 45퍼센트야."

건택이의 말에 찬우가 눈을 동그랗게 떴다. 임대료가 생각보다 비쌌기 때문이다.

"친구 사이에 45퍼센트는 너무 많지 않냐? 25퍼센트로 해 줘. 게임 레벨도 올려 준다니까!"

덩치 큰 찬우가 큰 목소리로 말하자 건택이는 기가 죽었다. 결국 찬우가 가져온 계약서에 17번 자리를 적어 주었다. 그리고 도윤이와 윤슬이, 하은이에게 우물쭈물 말했다.

"얘들아, 미안. 대신 임대료는 10퍼센트만 받을게!"

어쩔 수 없이 도윤이는 15번, 윤슬이는 22번 자리에 앉게 되었다. 앞으로 계속 이 자리에 앉아야 한다는 사실에 윤슬이와 도윤이는 마음이 좋지 않았다.

주택 청약 통장을 만들어요

한 달 후, 아침부터 교실이 소란스러웠다.

"김건택 고객님, 대출금을 갚지 못했습니다."

은행원 지우가 건택이에게 말했다. 건택이는 마이너스가 찍힌 통장을 보고 너무 놀란 나머지 찔끔찔끔 울기 시작했다.

"친한 친구들이랑 같이 앉고 싶어서 대출을 받았는데, 돈을 못 갚았어요. 친구들이 낸 임대료로 이자와 대출금을 낼 생각이었는데, 임대료를 생각보다 많이 못 받았어요."

지우에게 상황 설명을 듣고 건택이의 이야기까지 들은 강유재 선생님이 말했다.

"집을 많이 가지고 있는 집주인이 대출을 갚지 못하는 문제가 발생했습니다. 건택이의 부동산은 은행으로 넘어가게 되었어요. 왜 이런 문제가 생겼을까요?"

윤슬이가 먼저 손을 들었다.

"한 사람이 여러 개의 자리를 살 수 있었던 점이 문제였던 거 같아요."

도윤이가 윤슬이의 말에 고개를 끄덕였다.

"부동산을 사려고 대출을 받는 사람에게는 어느 정도 규제가 필요할 거 같아요."

곰곰이 생각하던 준희가 이어서 말했다.

"한 사람이 여러 자리를 가져가서 원하는 자리에 앉지 못한 것도 아쉬웠어요."

이번에는 지우가 아쉬운 표정으로 말했다.

"좋습니다. 그럼 이렇게 해 봅시다."

아이들의 발표를 듣고 난 선생님이 칠판에 무언가를 적었다.

> 주택 청약 제도

"주택 청약 제도는 집을 사고 싶은 사람들이 사겠다고 표시하는 것을 말합니다. 주택 청약 통장을 만들어서 그 통장을 응모

권으로 사용하는 거죠."

"주택 청약 통장은 은행에서 만드나요?"

도윤이의 질문이었다.

"네, 은행에서 만들 수 있고 한 사람당 한 개만 만들 수 있어요. 건택이가 대출금을 갚지 못해서 은행에 넘어간 자리들은 주택 청약 통장을 만들어서 응모한 사람들이 가져갈 수 있게 하겠습니다."

선생님은 새로운 자리표를 화면에 띄웠다. 건택이가 샀던 자리는 이름이 다 지워지고 1만 원이라는 동일한 금액만 적혀 있었다. 건택이는 의기소침한 얼굴로 화면을 바라보았다.

1번 15,000원 민찬	6번 30,000원 연서	11번 15,000원 하린	16번 17,000원 태민	21번 14,000원 하율
2번 14,000원 준희	7번 15,000원 민지	12번 12,000원 연주	17번 10,000원	22번 10,000원
3번 26,000원 서윤	8번 10,000원 지아	13번 10,000원 선우	18번 10,000원	23번 17,000원 서진
4번 15,000원 리준	9번 18,000원 서아	14번 14,000원 우진	19번 16,000원 지은	24번 18,000원 지아
5번 10,000원	10번 10,000원	15번 10,000원	20번 10,000원	

"주택 청약 통장을 만들어서 1,000원 이상 저금한 다음 응모할 수 있습니다. 응모자들은 각 자리의 번호가 붙은 5번, 10번, 15번, 17번, 18번, 20번, 22번 추첨함 중 원하는 곳에 주택 청약 통장을 넣어 주세요. 추첨으로 뽑힌 사람은 통장 안의 돈을 포함해서 1만 원을 은행에 내고 자리의 주인이 될 수 있습니다."

"선생님, 자리가 있는 사람도 응모할 수 있나요?"

연서가 눈을 빛내며 질문했다.

"가능하지만, 우선순위는 자기 소유의 자리가 없는 사람입니다. 자리가 없는 사람들이 원하지 않아서 자리가 남을 때만 응모할 수 있어요. 여기 주택 청약 통장을 은행원에게 줄 테니, 필요한 친구들은 은행에서 통장을 만드세요."

자리가 없는 아이들은 우르르 은행원에게 갔다. 주택 청약 통장을 만들 돈도 없는 건택이는 한숨만 쉴 뿐이었다. 그런 건택이에게 도윤이와 윤슬이가 다가갔다.

도윤이가 건택이의 머리를 헝클어뜨리며 말을 걸었다.

"우리가 돈 줄 테니까 청소 사업을 더 열심히 하거나, 1인 1역 일급을 꼬박꼬박 모아서…… 갚든지 말든지 해라. 근데 너 게임 레벨은 올렸어?"

고마움과 민망함으로 얼굴이 빨갛게 달아오른 건택이가 시무룩하게 고개를 저었다.

"어휴, 앞으로 우리한테 잘해."

윤슬이가 덧붙였다.

주택 청약 추첨으로 윤슬이는 17번, 도윤이는 18번, 건택이는 22번 자리에 앉게 되었다. 그날부터 건택이는 더 열심히 청소 사업을 했고, 교실은 좀 더 반짝반짝 빛났다.

10~11월에 배우는 경제 용어

분양 건물의 전부 또는 일부를 여럿에게 나누어 파는 것을 말합니다. '아파트를 분양한다.'는 말을 들어 본 적이 있을 거예요. 이것은 새로 지은 아파트에 들어올 사람들을 모집한다는 뜻입니다. 이때 분양 신청을 하려면 주택 청약 통장이 있어야 해요. 분양의 종류에는 국가나 공공기관에서 하는 공공 분양, 건설사에서 아파트를 지어서 파는 일반 분양, 국가유공자·신혼부부·다자녀 등의 조건에 속한 사람들을 위한 특별 분양이 있습니다.

경매 물건을 사려는 사람이 여럿일 때 가장 높은 가격을 부르는 사람에게 파는 것을 말합니다. 물건을 원하는 사람이 많을수록 가격이 올라갑니다. 하지만 비싼 물건인데도 원하는 사람이 많지 않을 때는 싼값으로 살 수도 있어요.

응찰 경매할 때 살 생각이 있다는 표시를 하는 것입니다. 응찰은 경매에 참여하는 것으로, 응찰을 한 다음 낙찰되어야 물건의 주인이 됩니다.

낙찰 경매 등에서 물건의 주인이 결정되는 것을 말해요. 경매에서는 보통 가장 높은 가격을 부르는 사람이 낙찰됩니다.

임대 돈을 받고 물건을 빌려주는 것입니다. 집, 가게, 땅 등 임대할 수 있는 물건은 다양해요. 이렇게 물건을 빌려주고 받는 돈을 '임대료'라고 합니다. 임대를 하려면 임대 계약서를 써야 해요. 이때 계약에 따라 돈을 받고 물건을 빌려주는 사람을 '임대인'이라 하고, 돈을 내고 물건을 빌리는 사람을 '임차인'이라 해요.

규제 규칙을 정해서 일정한 선을 넘지 못하게 막는 것을 말합니다. 부동산 규제를 예로 들어 볼게요. 나라에서는 한 사람이 지나치게 많은 집을 갖는 것을 막기 위해 집을 여러 개 샀을 때 많은 세금을 내게 한답니다.

주택 청약 신혼부부, 처음 집을 사는 사람 등 조건에 맞는 이들의 신청을 받아서 추첨으로 집을 살 수 있게 하는 제도입니다. 주택 청약 제도를 이용하면 좀 더 싸게 집을 살 수 있어요.

주택 청약 통장 주택 청약 추첨에 응모하려면 반드시 주택 청약 통장이 있어야 해요. 이 통장은 은행에서 만들 수 있고, 통장을 만들면 매달 돈을 넣어야 합니다. 청약 통장을 만든 시기가 오래될수록 추첨에 유리합니다. 14세부터 인정되니 기억해 두고 있다가 청약 통장을 만들어 보기로 해요.

10~11월의 활동

여러분은 장래에 어떤 집에 살고 싶나요? 집은 우리 생활에 꼭 필요한 의식주의 하나인 동시에 '부동산'이라는 이름으로 거래되는 재산이기도 합니다. 여러분이 원하는 집을 떠올려 본 다음, 그 집을 구할 수 있는 구체적인 방법을 계획해 보세요.

- 내가 원하는 집:

- 내가 원하는 집을 구할 수 있는 방법:

9장. 12월의 경제 교실

그래서 내 꿈은!

열두 달 경제 교실에서 배운 것

"이제 달력이 얼마 남지 않았네요. 여러분에게 올해 가장 기억에 남는 일은 무엇이었는지 생각해 볼까요?"

강유재 선생님의 물음에 아이들은 골똘히 생각에 잠겼다. 도윤이는 올해 초에 부자가 되고 싶다는 생각으로 만든 세 가지 목표를 떠올렸다. 준희와 주식 공부를 하고 언니의 도움의 받아 ETF를 사서 돈을 약간 벌었지만, 아직 컴퓨터를 바꾸기엔 부족했다. 건물주는 더더욱 멀었다. 부자 되는 법 알려 주는 유튜브는 어쩌면 할 수 있을지도 모른다는 생각이 들었다.

도윤이는 그동안 했던 경제 공부를 잠시 떠올려 보았다. 교실에서 일을 해서 학급 화폐를 벌고, 사업 계획서를 쓰고 슬라임도 만들어 팔고, 투자도 하고……. 그동안 경제 교실에서 있었던 일들이 머릿속을 스쳐 지나갔다. 부자가 되고 싶다는 막연한 마음이 경제 교실을 통해 구체화되면서 스스로 주식 공부도 하고 실제로 투자까지 해 보았다. 학급 교실에 참여하며 성장한 이야기와 경제활동에 참여하여 깨달은 점을 중심으로 콘텐츠를 제작하면 누군가에게 도움이 될 수 있을 것이라고 생각했다.

"선생님, 올해 진짜 많은 일이 있었던 것 같아요. 힘든 시간도 있었지만, 경제 교실 덕분에 제가 학기 초에 장래 희망이라고 말했던 부자 되는 것에 한 발자국 다가갈 수 있었어요."

강유재 선생님은 흐뭇하게 도윤이를 바라보았다. 선생님의 따뜻한 눈빛에 힘을 얻은 도윤이가 말을 이었다.

"1년 전만 해도 사업 계획서가 무엇인지, 창업이나 대출이 무엇인지 전혀 알지 못했는데……. 어려울 것 같았던 경제 공부가 이렇게 재밌는 줄 몰랐어요!"

도윤이의 이야기에 다른 친구들도 한마디씩 거들었다.

"맞아요, 경매로 자리를 사니까 아침에 등교해서 자리에 앉을 때마다 기분이 좋았어요. 정말 내 집인 것처럼요!"

"제가 좋아하거나 잘할 수 있는 일을 찾아서 친구들에게 도움도 주고 돈도 벌 수 있어서 너무 뿌듯했어요."

"투자를 해 보기도 하고, 교실 안에서 운영되는 다양한 사업에도 참여하니까 매일 재미있는 이벤트가 있는 거 같아서 하루하루 즐거웠어요."

아이들이 소감을 듣고 난 선생님이 웃으며 입을 열었다.

"여러분이 느낀 점이 많네요. 돈에 대해서는 어떤 생각이 들었나요?"

윤슬이가 손을 들었다.

"저는 돈이 많으면, 사고 싶은 것을 마음껏 살 수 있어서 좋을 것이라고만 생각했는데, 돈은 우리 사회를 굴리는 중요한 수단인 거 같아요."

윤슬이의 말을 듣고 이번엔 준희가 빠르게 손을 들었다.

"학급 화폐는 우리 교실을 움직이는 힘이 되었어요. 1인 1역도 더 열심히 하게 하고, 사업을 하게 만들기도 했고요. 투자 점수를 올리기 위해 수학 공부도 다들 열심히 했잖아요!"

준희의 말에 친구들이 모두 고개를 끄덕였다.

"윤슬이와 준희의 말처럼 돈은 우리 사회를 움직이는 큰 힘이에요. 여러분이 경제 교실을 통해 이런 깨달음을 얻었다는 게 정말 멋지네요!"

선생님과 아이들은 서로에게 박수를 보냈다.

"선생님, 그래서 말인데요. 경제 교실 활동을 정리해서 기록으로 남기면 어떨까요? 저희는 선생님 덕분에 경제활동을 할 수 있었지만, 우리 학교의 모든 후배들이 선생님을 만날 수는 없을 테니까 기록으로 남겨서 공유하고 싶어요!"

　도윤이의 의견에 친구들이 고개를 끄덕이며 눈을 빛냈다. 아이들을 흐뭇하게 바라보며 선생님도 빙그레 웃었다.

부자가 되기 위해 계속되는 노력

다음 시간에 선생님은 생각을 정리할 수 있는 종이를 나누어 주었다.

경제 교실에서 배운 것 중 무엇을 나누고 싶나요?

6학년 1반 이름:

경제 교실에서 배운 주제 중 다른 사람과 나누고 싶은 것에 표시하세요.	☐ 저축 ☐ 대출 ☐ 주식 투자 ☐ 보험 ☐ 부동산 ☐ 사업 ☐ _____

고른 주제에 관해 어떤 이야기를 하고 싶나요?

　윤슬이는 종이를 받고 잠시 고민하다가 '저축'을 골랐다. 평소에도 돈을 차곡차곡 모으는 것을 잘했지만, 은행의 다양한 예금과 적금 상품을 새롭게 배웠기 때문에 다른 친구들과도 나누고 싶었다. 여러 은행에서 만든 다양한 예금과 적금 중 어떤 것을 고르는 게 좋은지, 예금과 적금은 뭐가 다른지, 어떤 사람이 예금을 들고 어떤 사람이 적금을 들면 좋을지 알려 주어야겠다고 생각했다.

　건택이는 바로 '사업'을 골랐다. 여름방학 동안 직접 발로 뛰며 사업을 해 보니 느낀 점이 많았다. 사업을 할 때는 소비자가 무엇을 원하는지, 내가 무엇을 잘하는지를 알고 있어야 성공할 수 있다는 것을 알려 주고 싶었다. 그리고 사업을 홍보하려면 민망하고 창피해도 용기를 내야 했다. 건택이는 종이에 '창피해하지 말고 도전하는 용기'라고 쓰고 별표를 쳤다.

준희는 '주식 투자'를 골랐다. 부모님이 주식 투자에 실패해서 용돈을 달라는 말도 하지 못했던 학기 초부터, 남을 따라가지 말고 스스로 판단해야 한다던 선글라스 할아버지의 조언까지 모든 순간이 주마등처럼 지나갔다. 주식을 사기 전에 회사에 대한 공부를 하고 저평가된 회사의 주식을 찾는 것이 필요하다는 조언과 주식 가격이 오르락내리락하더라도 인내심을 갖고 오랜 시간 동안 투자하다 보면 언젠가는 오를 거라는 믿음이 필요하다는 내용을 담고 싶었다.

도윤이는 무슨 주제를 고를까 고민하다가 맨 밑의 비어 있는 칸에 '부자가 되기 위한 마음가짐'이라고 적었다. 처음에는 그저 막연하게 부자가 되고 싶다는 생각만 했는데, 부자가 되는 것은 많은 노력이 필요하다는 생각이 들었다. 일을 해서 돈을 모으는 것도 중요하지만, 투자로 돈을 불리기 위해서는 경제 공부를 꾸준히 해야 한다. 이런 과정 없이 갑자기 부자가 되는 방법은 없었다. 도윤이는 종이에 '돈 많은 백수'가 아니라 '돈 많은 나'가 되고 싶다고 적었다. 그렇게 적은 것만으로도 왠지 자신감이 차올랐다. 아직도 부자는 막연하지만 어쩐지 할 수 있을 것 같다는 생각이 들었다.

아이들이 정리를 마칠 무렵 큰 종이를 가져온 선생님이 말했다.
"자, 이제 여기에 경제 신문을 만들어 봅시다. 여러분이 만든 경제 신문은 복도에 게시해서 후배들이 읽을 수 있게 할 겁니다. 후배들이 이걸 읽고 경제활동에 관심을 갖게 해 봅시다."
"네!"
아이들은 후배들을 위해 1년 동안 쌓은 경제 지식을 빠짐없이 정리하기 시작했다.

1층 중앙 현관에 여러 학년의 학생들이 모여들었다. 그곳에는 6학년 1반 학생들이 만든 경제 신문이 1층 중앙 현관에 전시되어 있었다.
"부자? 나도 되고 싶다."
"부동산? 여기 자리 가지고 부동산 투자했대!"
"주식 투자는 엄마가 함부로 하는 거 아니랬어."
"주식 투자도 뭔가 기준이 있나 봐. 여기 적혀 있는데?"
경제 신문을 읽은 후배들이 삼삼오오 모여서 이야기꽃을 피웠다. 도윤이와 윤슬이, 준희와 건택이는 그 모습을 지켜보다가 함께 하굣길에 올랐다.

"건택아, 너는 중학교 가서도 강아지 산책하는 사업할 거야?"

도윤이가 건택이의 얼굴을 바라보며 물었다.

"응, 산책시켜 줄 수 있냐고 문의하는 사람이 늘어나서, 할머니가 **개인 사업자 등록**을 해 보는 게 어떻겠냐고 하셨어."

"개인 사업자 등록?"

전문적인 듯한 절차에 깜짝 놀란 준희가 되물었다.

"할머니가 가족이 아닌 사람들을 상대로 돈을 벌려면 나라에 세금을 내야 한다고 하셨어."

"우와! 너희 할머니 진짜 똑똑하시다."

도윤이가 침을 삼키며 말했다.

"도윤이 너는 이제 어떻게 부자가 될 생각이야?"

윤슬이가 도윤이에게 물었다.

"준희랑 계속 주식이랑 ETF 공부할 거야. 사업도 할 수 있으면 해 보려고. 내가 SNS 계정에 슬라임 만든 걸 올렸더니 사고 싶다는 사람들이 있었어. 슬라임 전문 유튜버한테도 연락이 왔어."

"진짜? 멋지다."

준희가 눈을 동그랗게 뜨며 말했다. 도윤이는 준희의 반응에 조금 민망해졌다. 도윤이의 이야기에 잠시 고민하던 건택이가 말했다.

"사업 시작하게 되면 말해. 우리 할머니가 개인 사업자 등록

하는 방법 알려 주실 거야. 서류 하나만 쓰면 된다고 하셨어."

"그래! 고마워."

"윤슬이는 앞으로 어떻게 할 거야?"

"나는 내년 여름에 적금 만기 되면, 그걸로 ETF에 투자해 보려고. 그래서 말인데 준희야, 나도 ETF 공부 모임 같이 해도 돼?"

윤슬이가 준희에게 조심스럽게 말했다. 준희는 웃으며 입을 열었다.

"당연하지! 도윤이랑 같이 읽는 책 있는데, 책 제목 나중에 보내 줄게!"

"준희는 앞으로 계속 주식이랑 ETF 공부할 거야?"

이번에는 건택이가 물었다.

"응, 공부하다 보니 생각보다 알아야 할 게 아주 많더라고. 요즘은 공부한 내용을 정리해서 블로그에도 올리고 있어. 사람들이 생각보다 많이 찾아와서 읽더라."

"블로그도 해? 준희 진짜 대단하다."

도윤이가 신이 나서 말했다.

"이제 막 시작한 거라, 하루에 40명 정도 와. 그래도 나중에 사람들이 더 많이 오면 블로그에 광고도 붙여서 돈도 벌 수 있대. 내가 블로그 주소 알려 줄게. 구경 와."

준희가 눈을 빛내며 말하자, 아이들은 동시에 작게 박수를 쳤다. 준희는 민망해서 고개를 조금 숙여 발을 내려다보았다.

도윤이는 왠지 친구들이 불쑥 자란 것 같은 기분이 들었다. 건택이도, 윤슬이도, 준희도 서로를 보며 같은 기분을 느꼈다. 벌써 중학생이 된다는 사실이 믿어지지 않았지만, 같이 중학교에 간다면 분명 중학교 생활도 재미있을 것 같았다.

"너희 중학교 어디로 갈 거야? 생각한 곳 있어?"

도윤이가 묻자 친구들은 고개를 끄덕였다.

"나는 문선중학교!"

도윤이가 먼저 말하자 친구들도 얼굴에 웃음을 띠며 말했다.

"어? 나도!"

"나도 거기로 갈 거야."

"나도야!"

아이들은 서로를 보며 웃음을 터뜨렸다.

"그럼 내년에도 잘 부탁해!"

"나도!"

"나도 잘 부탁해!"

"같이 잘 지내보자!"

아이들은 다시 만날 것을 약속하며 인사를 나누었다.

12월에 배우는 경제 용어

소비자 소비하는 사람, 즉 돈을 쓰는 사람을 말합니다. 우리는 물건이나 서비스를 살 때 돈을 냅니다. 소비자가 되는 것이지요. 사업을 잘하는 사람은 물건을 많이 팔기 위해 소비자의 말에 귀를 기울인답니다.

개인 사업자 등록 개인이 사업자 등록을 하는 것을 말합니다. '개인'은 한 명 한 명의 사람을 뜻합니다. 이렇게 한 명의 사람이 소유한 사업을 '개인 사업'이라고 합니다.

만기 만은 '가득 차다.', 기는 '기간'을 뜻합니다. 따라서 만기는 '약속한 기간이 찼다.'는 의미예요. 예를 들어, 은행에서 적금을 들면서 1년 동안 돈을 맡기겠다는 약속을 했습니다. 이때 약속한 1년이 지나면 '적금 만기가 되었다.'고 표현합니다.

12월의 활동

『열두 달 경제 교실』에서 배운 것 중에서 다른 친구들과 나누고 싶은 주제를 골라 보세요.

- ☐ 저축
- ☐ 대출
- ☐ 주식 투자
- ☐ 보험
- ☐ 부동산
- ☐ 사업
- ☐ _____

고른 주제에 관해 어떤 이야기를 하고 싶은지 정리해 보세요.

『열두 달 경제 교실』 초등 교과 수업 연계표

1장. 부자가 되고 싶어!

도덕	6학년	1. 내 삶의 주인은 바로 나	아이들은 그동안의 경제관념을 돌아보고 반성합니다. 그리고 이제부터 생활 속에서 주체적으로 경제적인 판단을 하기로 다짐합니다.
실과	5학년	3. 자원 관리와 자립 (교학사) 5. 나의 생활 관리 (미래엔)	이 책의 주인공 도윤, 준희 윤슬, 건택이는 용돈 같은 생활 자원이 제한되어 있음을 경험 속에서 느끼고, 돈의 사용가치를 높이는 방법을 탐색합니다.

2장. 경제 교실이 뭐야?

사회	4-2	2. 필요한 것의 생산과 교환	건택이처럼 피시방에 가고 간식을 사 먹는 일에는 비용이 발생합니다. 하지만 건택이의 용돈에는 한계가 있기 때문에 무작정 쓰다가는 아무것도 남지 않습니다. 이를 통해 돈과 같은 자원의 희소성을 깨닫고, 어떻게 하면 한정된 자원을 현명하게 쓸 수 있을지 고민해 볼 수 있습니다.
수학	4-1	1. 큰 수	경제 교실에서 벌고 쓰는 학급 화폐 금액을 계산해 보며 큰 수의 자릿값과 위치적 기수법을 이해할 수 있습니다. 또한 화폐 기입장에 수를 적으면서 읽고 쓸 수 있으며, 수의 크기를 비교해 볼 수도 있습니다.

3장. 오늘부터 사장님

사회	4-2	2. 필요한 것의 생산과 교환	건택이, 도윤이, 윤슬이가 경제 교실에서 사업을 시작했습니다. 이를 통해 생산과 소비 활동이 무엇인지 파악하고, 경제적 교류로 활발한 경제활동이 늘어난다는 것을 알 수 있습니다.

4장. 투자는 나쁜 게 아니야

사회	6-1	2. 우리나라의 경제 발전	시장경제 안에서 기업은 자유롭게 경쟁하며 경제활동을 합니다. 그중에서도 주식회사는 기업의 일부인 주식을 팔아서 모은 돈으로 회사를 운영합니다. 아이들은 투자 활동을 통해 이러한 시장경제와 주식에 관해 공부합니다.
수학	6-1	4. 비와 비율	경제 교실에 생긴 투자 시장에 참여하며 백분율의 개념을 활용해 수익률 변화를 계산합니다.
실과	5학년	3. 자원 관리와 자립 (교학사) 5. 나의 생활 관리 (미래엔)	아이들은 저축 외에도 돈을 불릴 수 있는 수단이 있다는 것을 알게 됩니다. 경제 교실에서 투자에 관해 공부하며 한정된 생활 자원인 돈의 사용가치를 높이는 방법을 탐구합니다.

5장. 돈 좀 빌려주세요

사회	6-1	2. 우리나라의 경제 발전	사업을 키우기로 결심한 윤슬이는 직원의 필요성을 느낍니다. 이를 통해 기업의 역할과 근로자의 권리 등을 탐구해 볼 수 있습니다.
수학	5-1	1. 자연수의 혼합 계산	윤슬이는 직원을 고용하기 위해 인건비, 수익, 대출 원금과 이자 등을 덧셈, 뺄셈, 곱셈, 나눗셈의 혼합 계산으로 계산해 봅니다. 이를 통해 실생활에서 혼합 계산의 필요성과 유용성을 알 수 있습니다.
수학	6-1	4. 비와 비율	윤슬이는 직원을 고용해서 사업을 확장하기 위해 대출을 결심합니다. 이때 대출 금리의 비율을 백분율로 나타내어 계산하고 비교해 볼 수 있습니다.

6장. 스스로 공부하는 여름방학

국어	5-1	1. 대화와 공감	아이들은 여름방학을 준비하며 경제 교실에서 배운 내용을 어떻게 실천할지 고민합니다. 이때 서로 공감하고 칭찬하면서 감정을 나누며 대화하는 모습을 관찰할 수 있습니다.
	5-1	3. 글을 요약해요	준희와 도윤이는 도서관에서 주식 투자에 관한 책을 읽고 공부합니다. 이러한 과정을 통해 자료를 읽고 내용을 파악해 요약하는 연습을 할 수 있습니다.
	5-2	7. 중요한 내용을 요약해요	
	5-2	5. 여러 가지 매체	윤슬이는 아빠와 함께 적금에 관해 공부합니다. 이때 직접 은행을 찾아가는 대신 인터넷 검색으로 구체적인 지식을 얻습니다. 이를 통해 목적에 맞게 다양한 매체 자료를 찾는 연습을 해 볼 수 있습니다.
도덕	5학년	우리가 만드는 도덕 수업 1. 바르고 희망차게 가꾸어 가는 나의 삶	아이들은 1학기의 경제 수업을 돌아보고, 방학 동안 어떤 활동을 할 것인지 계획합니다. 특히 건택이는 자기 주도적으로 계획을 세우고 실천합니다. 이를 통해 자기 발전을 위해 계획을 세우고 실천하는 모습을 살펴볼 수 있습니다.

7장. 일자리를 잃었어요

도덕	5학년	우리가 만드는 도덕 수업 1. 바르고 희망차게 가꾸어 가는 나의 삶	2학기에도 경제 교실은 활발하게 운영됩니다. 매주 1인 1역 중에서 하고 싶은 다른 일로 이직할 수 있는 기회가 주어지는데, 이를 통해 자신의 특기와 적성을 탐색해 보며 진로 계획을 세우는 연습을 해 볼 수 있습니다.
사회	5-1	2. 인권 존중과 정의로운 사회	헌법이 정해 놓은 국민의 의무에는 교육의 의무, 납세의 의무, 근로의 의무, 국방의 의무, 환경 보전의 의무 등이 있습니다. 아이들은 경제 교실에서 창업을 하고 1인 1역을 통해 직업을 체험하면서 개인과 나라의 발전을 위해 일할 의무인 '근로의 의무'를 자연스럽게 익힙니다.
	6-1	2. 우리나라의 경제 발전	경제 교실에서 아이들은 능력, 소질, 적성 등에 따라 하고 싶은 일을 자유롭게 선택할 수 있습니다. 하지만 일자리는 하나고, 그것을 원하는 사람이 많을 때는 경쟁을 해야 한다는 것을 깨닫게 됩니다. 또한, 학급 화분이 깨지면서 경제 교실에 일자리가 하나 사라집니다. 이를 통해 산업 구조가 변화하면 기존 일자리가 사라지는 일이 생기기도 한다는 것을 체험할 수 있습니다.
실과	5학년	6. 일과 직업 탐색 (교학사) 6. 나의 진로 (미래엔)	1인 1역을 하면서 학급 화폐를 벌고 있는 아이들은 여러 가지 이유로 일자리가 사라질 수도 있다는 사실을 알게 됩니다. 이를 통해 일과 직업의 중요성을 깨달을 수 있습니다.

8장. 내 자리는 내가 정해요

사회	5-1	1. 국토와 우리 생활	윤슬이는 어떤 자리가 좋을지 고민하는 과정에서 입지에 관해 배웠던 내용을 떠올립니다. 이를 통해 위치와 영역이 지니는 특징을 알아 볼 수 있습니다.
실과	5학년	3. 자원 관리와 자립 (교학사) 5. 나의 생활 관리 (미래엔)	자리 경매에서 윤슬이는 자리 각각의 이점을 분석하며 최선의 선택을 하기 위해 노력합니다. 반면에 건택이는 최대한 많은 자금을 동원해 자리를 확보하려고 노력합니다. 두 친구의 모습을 통해 현명한 자원의 활용 방안을 고민해 볼 수 있습니다.

9장. 그래서 내 꿈은!

국어	5-1	10. 주인공이 되어	아이들은 열두 달 동안 경제 교실을 겪으며 경험했던 이야기를 서로 나누고 기록합니다.
	6-1	9. 마음을 나누는 글을 써요	

부자가 되고 싶은 어린이를 위한 경제 교육 동화
열두 달 경제 교실

초판 1쇄 인쇄 2024년 6월 27일
초판 1쇄 발행 2024년 7월 5일

지은이 국윤나, 강유재, 김건, 송윤경, 유건식, 윤지원, 하수오, 한정원
그 림 송하정

펴낸이 김연홍
펴낸곳 주니어 아라크네

출판등록 1999년 10월 12일 제2-2945호
주소 서울시 마포구 성미산로 187 아라크네빌딩 5층(연남동)
전화 02-334-3887   **팩스** 02-334-2068

ISBN 979-11-5774-761-0 73320

※ 잘못된 책은 구입처에서 바꾸어 드립니다.
※ 값은 뒤표지에 있습니다.